A Via de Chuang Tzu

Dados Internacionais de Catalogação na Publicação (CIP)
(Câmara Brasileira do Livro, SP, Brasil)

Merton, Thomas, 1915-1968
  A via de Chuang Tzu / Thomas Merton ; tradução de Paulo Alceu de Amoroso Lima. – 13. ed. – Petrópolis, RJ : Vozes, 2022.

  Título original: The way of Chuang Tzu.
  ISBN 978-85-326-0022-6

  1. Chuang-Tzu, 365-290 A.C. 2. Filosofia taoista I. Título.

22-117353   CDD-181.09514

Índices para catálogo sistemático:
1. Chuang Tzu : Taoismo : Filosofia   181.09514

Cibele Maria Dias – Bibliotecária – CRB-8/9427

Thomas Merton

A Via de Chuang Tzu

Tradução de Paulo Alceu de Amoroso Lima

Petrópolis

© 1965, by the Abbey of Gethsemani.

Tradução realizada a partir do original em inglês intitulado *The Way of Chuang Tzu*, traduzido e publicado com licença da Abbey of Gethseman, Trappis, Ky.

Direitos de publicação em língua portuguesa – Brasil:
1974, Editora Vozes Ltda.
Rua Frei Luís, 100
25689-900 Petrópolis, RJ
www.vozes.com.br
Brasil

Todos os direitos reservados. Nenhuma parte desta obra poderá ser reproduzida ou transmitida por qualquer forma e/ou quaisquer meios (eletrônico ou mecânico, incluindo fotocópia e gravação) ou arquivada em qualquer sistema ou banco de dados sem permissão escrita da editora.

CONSELHO EDITORIAL

Diretor
Gilberto Gonçalves Garcia

Editores
Aline dos Santos Carneiro
Edrian Josué Pasini
Marilac Loraine Oleniki
Welder Lancieri Marchini

Conselheiros
Francisco Morás
Ludovico Garmus
Teobaldo Heidemann
Volney J. Berkenbrock

Secretário executivo
Leonardo A.R.T. do Santos

Diagramação: Sheilandre Desenv. Gráfico
Revisão gráfica: Barbara Kreischer
Revisão da tradução: Monjas do Mosteiro da Virgem, Petrópolis, RJ
Capa: Renan Rivero

ISBN 978-85-326-0022-6 (Brasil)
ISBN 0-8112-0163-1 (Estados Unidos)

Este livro foi composto e impresso pela Editora Vozes Ltda.

Para John C.H. Wu,
sem cujo estímulo jamais teria eu ousado isto.

Sumário

Advertência ao leitor, 11

1. Um estudo sobre Chuang Tzu, 17

2. Trechos de Chuang Tzu, 39
   A árvore inútil, 39
   O vendedor de chapéus e um monarca habilidoso, 41
   O sopro da natureza, 42
   A grande sabedoria, 44
   O pivô, 46
   Três pela manhã, 48
   Destrinchando um boi, 49
   O perneta e o faisão do pântano, 52
   O jejum do coração, 53
   Os três amigos, 58
   O despertar de Lao Tzu, 60
   Confúcio e o louco, 62
   O homem autêntico, 64
   A metamorfose, 66
   O homem nasce no Tao, 69
   Dois reis e a não forma, 70
   Arrombando o cofre, 71

Deixar as coisas como estão, 74

O homem soberano, 76

Quão profundo é o Tao!, 77

A pérola perdida, 78

No meu fim está o meu começo, 79

Quando a vida era plena, não existia a história, 81

Quando um homem pavoroso..., 82

Os cinco inimigos, 83

Ação e não ação, 85

O Duque de Hwan e o fabricante de rodas, 87

Os dilúvios de outono, 90

Grande e pequeno, 93

O homem do Tao, 97

A tartaruga, 99

A coruja e a fênix, 101

A alegria dos peixes, 103

A perfeita alegria, 105

Sinfonia a um pássaro marítimo, 109

O todo, 111

A necessidade da vitória, 113

Os porcos do sacrifício, 114

O galo de briga, 115

O entalhador de madeira, 116

Quando o sapato se adapta, 118

O barco vazio, 120

A fuga de Lin Hui, 122

Quando o conhecimento foi ao norte, 124

Da importância de ser desdentado, 127

Onde está o Tao?, 129

A luz das estrelas e o não ser, 132

Keng Sang Chu, 133

O discípulo de Keng, 135

A torre do espírito, 141

A lei interior, 143

As desculpas, 145

Aconselhando o príncipe, 146

Vida ativa, 148

A montanha dos macacos, 150

A boa sorte, 151

A fuga da benevolência, 154

O Tao, 157

O inútil, 159

Meios e fins, 160

A fuga da sombra, 161

Funerais de Chuang Tzu, 162

Glossário, 163

Referências, 165

Advertência ao leitor

A natureza especial deste livro exige algumas explicações. Os textos de Chuang Tzu aqui reunidos são o resultado de cinco anos de leituras, estudos, notas e meditações. As notas, com o tempo, adquiriram uma forma especial, e tornaram-se como se fossem "imitações" de Chuang Tzu, ou melhor, leituras interpretativas, livres, de trechos característicos que mais me atraíram. Estas "leituras" surgiram em virtude de uma comparação das quatro melhores traduções de Chuang Tzu para as línguas ocidentais, duas para o inglês, uma para o francês, e uma para o alemão. Ao ler estas traduções, encontrei entre elas diferenças dignas de nota, e logo verifiquei que todos os tradutores de Chuang Tzu tiveram de fazer um vasto emprego de suas próprias intuições. Suas hipóteses refletem, não apenas o seu grau de cultura chinesa, mas também a sua própria intuição da "via" misteriosa, descrita por um Mestre, que escreveu na Ásia, há quase 2.500 anos. Como conheço apenas alguns poucos caracteres chineses, evidentemente não posso considerar-me um tradutor. Estas minhas "leituras" não são esboços para uma reprodução fidedigna, mas aventuras em interpretações pessoais e espirituais. De toda a maneira, *qualquer* interpretação de Chuang Tzu tende a ser muito pessoal. Ainda que, do ponto de vista de erudição, eu não seja nem um simples anão sentado nos ombros destes gigantes, nem mesmo todas as minhas interpretações possam ser qualificadas como "poesia", acredito que uma camada particular de leitores se aproveitará da minha visão intuitiva a respeito de um pensador espirituoso, sutil, inconformista, e nem sempre muito acessível. Acredito nisso, não de olhos fechados, mas porque todos os que tiveram oportunidade de observar o material manuscrito gostaram, e muito me incentivaram a fim de reunir em forma de um livro. Assim, embora não acredite que esta obra seja muito criticada, se, por acaso, a alguém ela não agradar, poderá acusar-me, e a meus amigos, principalmente o Dr. John Wu, que é a principal figura de apoio, meu cúmplice, e que me tem auxiliado de muitas maneiras. Nesta iniciativa estamos unidos. E devo ainda acrescentar que gostei muito de ter escrito este livro, muito mais do que qualquer outro. De modo que declaro-me aqui um impenitente inveterado. As minhas relações com Chuang Tzu foram muito proveitosas.

John Wu tem uma teoria de que, numa "vida primitiva", eu tenha sido um monge chinês. Não posso afirmar isso com certeza e, evidentemente, apresso-me em garantir a todos que não acredito na reencarnação (e nem ele, tampouco). Mas há quase vinte e cinco anos que sou um monge cristão, e, sem dúvida alguma, nos tornamos capacitados a encarar a vida de um ângulo que caracteriza todos os solitários e reclusos de todas as idades e culturas. Podem alguns argumentar que todo monaquismo, cristão ou não cristão, é, essencialmente, um só. Acredito que o monaquismo cristão tenha adquirido características próprias. Todavia, existe uma visão monástica que é comum a todos aqueles que julgaram preferível discutir o valor de uma vida submetida inteiramente a pressuposições seculares arbitrárias, ditadas por uma convenção social e dedicada à aquisição de prazeres temporais, que se constituem, talvez, numa miragem. Qualquer que seja o valor que se dê à "vida no mundo", existiram, em todas as culturas, homens que, na solidão, descobriram algo do que eles mais anseiam.

Santo Agostinho, outrora, fez uma afirmação muito forte (que mais tarde retificou), de que, "o que se chama de religião cristã existia já entre os antigos, e nunca deixou de existir, desde os primórdios das raças humanas, até que Cristo se fez carne" (*De Vera Religione, 10*). Seria, de fato, um exagero chamarmos Chuang Tzu de "cristão", e não tenho aqui a intenção de perder tempo em especulações quanto aos possíveis rudimentos de teologia que possam ser descobertos em suas afirmações misteriosas sobre o Tao.

Antes de tudo, este livro não tem a intenção de provar nada, nem de convencer ninguém de coisa alguma de que não deseje ouvir falar. Ou melhor, não se trata de nenhuma nova sutileza apologética (nem de nenhuma obra jesuítica de prestidigitação) na qual os coelhos cristãos, de repente, aparecerão de uma cartola taoísta, como em mágica.

Eu simplesmente gosto de Chuang Tzu porque ele é o que é, e sinto-me sem nenhuma necessidade de justificar esta admiração, a mim mesmo, ou a qualquer outra pessoa. Ele é grande demais para necessitar de quaisquer explicações de minha parte. Se Santo Agostinho pôde ler Plotino, se Santo Tomás pôde ler Aristóteles e Averróis (ambos bastante distantes do cristianismo, bem mais do que jamais o fora Chuang Tzu!), e se Teilhard de Chardin pôde fazer um amplo uso de Marx e de Engels em sua síntese, acho que me podem desculpar estas minhas relações com um recluso chinês, que compartilha do clima e da paz da minha própria solidão, e que é o meu tipo característico de pessoa.

Seu temperamento filosófico é, na minha opinião, profundamente original e sadio. Naturalmente, pode ser mal interpretado. Mas, essencialmente, é simples e direto. Procura, como o faz todo o grande pensamento filosófico, ir diretamente ao âmago das coisas.

Chuang Tzu não se preocupa com palavras, nem com fórmulas sobre a realidade, mas com a aquisição existencial direta da realidade como tal. Esta aquisição é necessariamente obscura, e não se presta a uma análise abstrata. Ela pode se apresentar numa parábola, numa fábula, numa estória cômica a respeito de uma conversa entre dois filósofos. Nem todas as histórias são, obrigatoriamente, da autoria de Chuang Tzu. Algumas, até, são a seu respeito. O livro de Chuang Tzu é um compêndio, onde alguns capítulos são, quase que certamente, da autoria do próprio Mestre, mas muitos outros, principalmente os últimos, são da autoria de seus discípulos. Todo o livro de Chuang Tzu é uma antologia do pensamento, do humor, das intrigas e da ironia, correntes nos círculos taoístas na melhor época, que foram os séculos IV e III a.C. Mas todos aqueles ensinamentos, a "via" contida nessas anedotas, os poemas, as meditações, são típicos de uma certa mentalidade encontrada em toda parte do mundo, um certo gosto pela simplicidade, pela humildade, pelo despojamento de si, pelo silêncio, e, em geral, uma recusa a levar a sério a agressividade, a ambição, os atropelos, e a importância dada a si mesmo, que devemos demonstrar, a fim de podermos conviver em sociedade. Esta também é a outra "via", que prefere não atingir nenhum setor do mundo, nem mesmo na área de uma realização supostamente espiritual.

O livro da Bíblia que mais se assemelha aos clássicos taoistas é, evidentemente, o Eclesiastes. Mas, ao mesmo tempo, existe muita coisa nos ensinamentos dos evangelhos sobre a simplicidade, o espírito de infância e a humildade, que corresponde aos mais profundos anseios do livro de Chuang Tzu e do Tao Te Ching. John Wu fez esta observação num admirável ensaio sobre Santa Teresinha de Lisieux e o taoismo, juntamente com o seu estudo sobre Chuang Tzu. Todavia, o Eclesiastes é um livro terreno, enquanto a ética dos evangelhos é a da revelação feita na terra sobre um Deus Encarnado. A "Pequena Via" de Santa Teresinha de Lisieux é uma renúncia explícita a todas aquelas espiritualidades exaltadas e não encarnadas que dividem o homem contra si mesmo, colocando uma metade no reino angelical, e, a outra, num inferno terreno. Para Chuang Tzu, como para o Evangelho, a perda da vida é a própria salvação, e procurar salvá-la por motivos pessoais significa perdê-la. Afirmam alguns que o mundo nada mais é do que ruína e perdição. Existe, também, uma renúncia ao mundo que encontra e salva o homem em sua própria casa, que é o mundo de Deus. De qualquer maneira, a "via" de Chuang Tzu é misteriosa, porque é tão simples que pode existir sem ser uma via de espécie alguma. Mas o que não é é uma "fuga"[1]. Chuang Tzu certamente haveria de concordar com São João da Cruz, que só podemos penetrar nesta espécie de via quando abandonamos todos os caminhos, e, de um certo modo, procuramos perder a nós mesmos.

Abadia de Getsêmani
Pentecostes de 1965

---

1. O autor faz um trocadilho com a palavra "way" (via, caminho), e com a expressão coloquial em inglês, "way out" (saída, escapatória, fuga) [N.T.].

1
Um estudo sobre Chuang Tzu

O período clássico da filosofia chinesa compreende cerca de 300 anos, de 550 a 250 a.C. Chuang Tzu, considerado o maior escritor taoista de cuja existência histórica se tem notícia (não podemos ter a mesma certeza a respeito de Lao Tzu), floresceu no final deste período, e, realmente, o último capítulo do livro de Chuang Tzu (capítulo 33) é uma história engraçada e informativa da filosofia chinesa até o seu tempo – o primeiro documento característico, pelo menos no Oriente.

A graça, a sofisticação, o gênio literário e a percepção filosófica de Chuang Tzu são evidentes a qualquer um que leia a sua obra. Mas, antes que se comece a entender, mesmo uma parcela pequena de sua sutileza, devemos situá-lo no contexto cultural e histórico. Em outras palavras, devemos imaginá-lo em contraste com aquele confucionismo, que ele não deixava de ridicularizar, juntamente com todas aquelas escolas estabelecidas e aceitas do pensamento chinês, desde a de Mo Ti à do contemporâneo, amigo e constante adversário de Chuang, o lógico Hui Tzu. Devemos também considerar Chuang em relação aos fatos que o sucederam, pois seria um grave erro confundir o taoismo de Chuang Tzu com aquele amálgama populista, degenerado de superstições, alquimia, mágicas e panaceias, em que o taoismo veio a se constituir mais tarde.

Os herdeiros reais do pensamento e do espírito de Chuang Tzu são os budistas chineses Zen, do Período T'Ang (séculos VII ao X d.C.). Mas Chaung Tzu continuou a exercer uma influência em todo o pensamento culto da China, pois nunca deixou de ser reconhecido como um dos grandes escritores e pensadores do Período Clássico. O taoismo sutil, sofisticado, místico, de Chuang Tzu e de Lao Tzu deixou marca permanente em toda a cultura chinesa e no próprio caráter chinês. Nunca deixaram de existir autoridades como Daisetz T. Suzuki, erudito japonês do Zen, que considera Chuang Tzu o maior filósofo chinês. Não há nenhuma dúvida de que o tipo de pensamento e de cultura expressos por Chuang Tzu foi aquele que transformou o budismo hindu, altamente especulativo, num tipo humorístico, iconoclasta, e totalmente prático de budismo, que floresceu na China e no Japão nas várias correntes do Zen. Este, por sua vez, nos esclarece muito sobre Chuang Tzu, e Chuang Tzu, por sua vez, também nos esclarece muito sobre o Zen.

Entretanto, vamo-nos acautelar um pouco. Em minha referência ao Zen, que evidentemente é muito sugestiva, numa época em que o Zen goza de certa popularidade no Ocidente, pode ser uma descoberta, como também pode ser um traiçoeiro "cliché". Existe uma boa quantidade de leitores, no Ocidente, que já ouviram falar no Zen, de um modo ou de outro e, até mesmo, já tiveram a oportunidade de prová-lo um pouco com a ponta da língua. Mas provar é uma coisa e engolir é outra, principalmente quando, tendo apenas provado, tendemos a identificar a coisa provada com outra coisa que ela parece lembrar.

A modalidade de Zen em alguns círculos ocidentais adapta-se aos moldes um tanto confusos da revolução e da renovação espiritual. Representa uma certa insatisfação, compreensível em relação aos modelos convencionais espirituais e ao formalismo ético e religioso. É um sintoma da urgência desesperada do homem ocidental por recuperar a espontaneidade e a profundidade, em um mundo cuja habilidade tecnológica as transformou em um vazio rígido, artificial e espiritual. Mas, em sua associação com a urgência em recuperar o autêntico sentido de experiência, o Zen do Ocidente identificou-se com um espírito improvisador e experimental – com uma espécie de anarquia moral que se esquece de quanta disciplina rígida e de quantos costumes tradicionais severos são exigidos pelo Zen da China e do Japão. Assim, também, com Chuang Tzu. Ele pode facilmente ser lido hoje como uma pessoa que pregasse um evangelho licencioso e descontrolado. O próprio Chuang Tzu seria o primeiro a afirmar que você não pode dizer às pessoas que façam tudo o que têm vontade de fazer, quando elas nem sabem o que querem, para começar! Assim, também, devemos observar que, enquanto existe uma característica ligeiramente cética e terra a terra na crítica que Chuang Tzu faz do confucionismo, a filosofia de Chuang Tzu é essencialmente religiosa e mística. Ela se insere no contexto de uma sociedade onde cada aspecto da vida foi encarado com relação ao sagrado.

Não é muito perigoso confundirmos Chuang Tzu com Confúcio, nem com Mêncio, mas existe, talvez, uma dificuldade maior em diferenciá-lo, à primeira vista, dos sofistas e dos hedonistas de sua época. Por exemplo, Yang Chu assemelha-se a Chuang Tzu em suas louvações à reclusão, e em seu desprezo pela política. Baseia-se numa filosofia da evasão, francamente egoística; baseia-se no princípio de que, quanto maior e mais valiosa for a árvore, mais provável será a sua queda, vítima do furacão, ou do machado do lenhador.

Evitar as responsabilidades políticas foi, por conseguinte, essencial à ideia de Yang, de uma felicidade pessoal, e a tal ponto ele levou essa ideia, que Mêncio dele afirmou: "Embora pudesse ter-se aproveitado o máximo do mundo ao puxar um único fio de cabelo, ele não seria capaz de fazê-lo". Entretanto, mesmo no hedonismo de Yang Chu, podemos encontrar elementos que nos lembrem a nossa atual preocupação para com a pessoa: por exemplo, a ideia de que a vida e a integridade da pessoa valem muito mais do que qualquer objeto ou qualquer função a que a pessoa seja chamada a desempenhar, correndo o risco de uma alienação. Mas um personalismo que nada tem a oferecer senão uma fuga não será, de modo algum, um personalismo, pois destrói as relações sem as quais a pessoa não pode, na verdade, desenvolver-se. Mesmo porque a teoria de que podemos seriamente cultivar a nossa própria liberdade pessoal, livrando-nos apenas de inibições e de obrigações, para vivermos dentro de uma espontaneidade voltada para dentro de nós mesmos, resulta numa completa destruição do verdadeiro ego e de sua capacidade de libertação.

Não devemos confundir personalismo e individualismo. Personalismo dá prioridade à *pessoa*, e não ao eu individual. Isso significa respeitar o valor singular e inalienável da *outra* pessoa, bem como o seu próprio, pois o respeito centrado apenas num ego individual de si mesmo, com a exclusão de outros, é fraudulento.

A filosofia clássica Ju, de Confúcio, e de seus seguidores, pode ser chamada de um personalismo tradicional, construído sobre as relações e obrigações sociais básicas, essenciais a uma vida humanista, e que, quando levada a efeito como devem ser, desenvolvem as potencialidades humanas de cada pessoa em suas relações com as outras. Ao preencher os mandamentos da natureza manifesta pela tradição, que são, essencialmente, os do amor, o homem desenvolve o seu próprio potencial para o amor, para a compreensão, para a reverência e a sabedoria. Ele torna-se um "Homem Superior", ou um "Homem de Mente Enobrecida", em harmonia total com o céu, com a terra, com seu superior, com seus pais e filhos, e com os seus semelhantes, em virtude de sua obediência ao *Tao*.

O caráter do "Homem Superior", ou do "Homem de Mente Enobrecida", segundo a filosofia Ju, está apoiado em torno de um "mandala"[2] com quatro virtudes básicas. A primeira delas é o

---

2. Mandala: uma das partes em que é dividido o Rig-Veda, um dos quatro livros sagrados da índia [N.T.].

amor feito de compaixão e de dedicação, repleto de uma profunda empatia e sinceridade, que permite ao indivíduo identificar-se com os problemas e com as alegrias alheias, como se fossem as suas próprias. Esta compaixão tem o nome de *Jen*, e traduz-se, algumas vezes, por "cordura humana". A segunda virtude básica é aquele senso de justiça, de responsabilidade, de dever, de obrigação para com os outros, que se chama *Yi*. Devemos observar que a filosofia Ju insiste no fato de que, tanto o Jen como o Yi, são totalmente desinteressados. O que caracteriza o "Homem de Mente Enobrecida" é que ele não faz as coisas simplesmente porque são agradáveis ou lucrativas para si, mas porque elas brotam de um incondicional imperativo moral. São coisas que ele percebe serem certas e boas em si mesmas. Daí, então, todo aquele que é guiado por um motivo de lucro, mesmo que seja de lucro para a sociedade a que pertence, não será capaz de viver uma vida genuinamente moral. Mesmo quando os seus atos não entram em conflito com a lei moral tornam-se amorais, porque são motivados pelo desejo de lucro, e não pelo amor do bem.

As outras duas virtudes básicas do Ju são necessárias a fim de completar este quadro de integridade e de humanismo. *Li* é algo mais do que uma correção exterior e ritualista: é a habilidade de empregar as formas ritualistas, a fim de dar uma expressão integral exteriorizada ao amor e à obrigação que nos une aos outros seres. *Li* implica agir com veneração e amor, não apenas para com os pais, o soberano, o povo, mas também para com o "Céu e a terra". É uma contemplação litúrgica da estrutura religiosa e metafísica da pessoa, da família, da sociedade, e do próprio cosmos. Os antigos liturgistas chineses "observaram os movimentos sob o céu, dirigindo a sua atenção às interpretações que ocorrem nestes movimentos, com o fim de se efetuarem os rituais perfeitos"[3].

---

3. Das amplificações do *Yi Ching*, citado por Fung Yu Lang, *The Spirit of Chinese Philosophy*, p. 89.

O eu individual deve perder-se na "disposição ritualista" da qual emergimos como o "eu litúrgico", superior, animados pela compaixão e pelo respeito que tradicionalmente conceberam as respostas mais profundas de uma família e de um povo, em presença do "Céu", *Tien*. Aprendemos pelo *Li* a tomar o nosso lugar gratuitamente no cosmos e na história. Por fim, há a "sabedoria" *Chih,* que abarca todas as outras virtudes numa compreensão amadurecida e religiosa, que as orienta à sua realização autêntica. Esta perfeita compreensão da "via celestial", finalmente, faz com que um homem maduro e de longa experiência siga todos os desejos interiores de seu coração, sem desobedecer ao Céu. É a frase de Santo Agostinho: "Ama, e faze o que quiseres!" Mas Confúcio pregava não haver atingido este ponto antes dos setenta anos. De qualquer maneira, o homem que atingiu o Chih, ou sabedoria, aprendeu uma obediência espontânea, interior, ao Céu, e não se governa mais por regras exteriores. Mas uma árdua e longa disciplina de regras exteriores torna-se, antes de mais nada, necessária.

Estes ideais sadios e humanos, admiráveis em si mesmos, foram fortalecidos socialmente por uma estrutura de deveres, de ritos e de observâncias, que nos pareceriam extremamente complexos e artificiais. E, quando vemos Chuang Tzu ridicularizando a prática confuciana do Li (por exemplo, nos ritos de exéquias), não devemos interpretá-lo à luz dos nossos próprios costumes, extremamente casuais, vazios de sentimentos simbólicos, e insensíveis à influência de cerimoniais.

Devemos lembrar que vivemos numa sociedade quase inimaginavelmente diferente do Reino Médio, no ano 300 a.C. Talvez possamos encontrar analogia da nossa maneira de viver, na Roma Imperial, se não em Cartago, em Nínive, ou na Babilônia. Embora a China do IV século não deixasse de possuir as suas barbaridades, era, talvez, mais refinada, mais complexa e mais humanista do que estas cidades que o Apocalipse de São João descreveu como sendo típicas da brutalidade mundana, da ambição e da força. O clima do pensamento chinês viu-se certamente atingido pelo fato de o ideal Ju ter sido tomado a sério, e, de algum modo, alicerçado pela educação e pela liturgia, à estrutura da sociedade chinesa. (Não devemos, contudo, imaginar, anacronicamente, que, na época em que Chuang Tzu viveu, a classe governante chinesa fosse educada sistematicamente em massa, segundo princípios confucianos, como se verificou posteriormente.)

Se Chuang Tzu reagiu contra a doutrina Ju, não foi em nome de algo inferior — a espontaneidade animal do indivíduo que não deseja aborrecer-se com tantos deveres cansativos —, mas em nome de algo bem mais elevado. Este é o fato mais importante a lembrar, quando nós, ocidentais, confrontamos o aparente antinomismo[4] de Chuang Tzu ou dos Mestres do Zen.

Chuang Tzu não exigia menos do que Jen e Yi, e sim, mais. A sua maior crítica a Ju era a de que esta não podia ir muito longe. Que produziu autoridades bem comportadas e virtuosas, realmente homens de cultura. Contudo, limitou-os e aprisionou-os dentro de normas exteriores fixas, e, consequentemente, impossibilitou-os de agirem e de criarem livremente, como resposta às sempre novas exigências de situação imprevistas.

A filosofia Ju agradou também ao Tao, como o fez Chuang Tzu. Na verdade, toda a filosofia e toda a cultura chinesas tendem a ser "taoistas", num sentido mais amplo, pois a ideia do Tao é, de uma ou de outra maneira, central ao pensamento chinês tradicional. Confúcio falava do "meu Tao". Ele podia exigir que o seu discípulo "se dedicasse inteiramente ao Tao". Declarava que, "se um homem escutasse o Tao pela manhã e morresse à noite, a sua vida não havia sido em vão". Podia acrescentar que, se um homem atinge a idade de 40 ou 50 anos, sem jamais ter "escutado o Tao", "nada há que o torne digno de respeito". Ainda assim, Chuang

---

4. *Antinomismo*: Doutrina dos Antinomianos, que pregam uma obediência contrária à lei [N.T.].

Tzu acreditava que o Tao que Confúcio tanto amava não era o "grande Tao", que é invisível e incompreensível. Era um reflexo menor do Tao, como se manifesta na vida humana. Era a sabedoria tradicional ensinada pelos antigos, o guia para a vida prática, o caminho para a virtude.

No primeiro capítulo do *Tao Te Ching*, Lao Tzu distinguia entre o Tao Eterno, "que não pode ser identificado", que é a fonte não identificável e incognoscível de todo o ser, e o Tao "identificável", que é "a Mãe de todas as coisas". Confúcio deve ter tido acesso aos aspectos manifestos do Tao, "identificáveis", mas a base de toda a crítica de Chuang Tzu a respeito da filosofia de Ju é a de que ela nunca se aproxima do Tao "que não pode ser identificado" e, na verdade, nem o toma em consideração. Até nas obras relativamente tardias, como a Doutrina do Meio, que são influenciadas pelo taoismo, Confúcio recusava-se a se preocupar com um Tao mais elevado do que o do homem, exatamente porque "não era identificável", e estava além do alcance do discurso da razão. Chuang Tzu afirmava que somente quando estivéssemos em contato com o Tao misterioso, que estava além de todas as coisas existentes, que não podem ser transmitidas, quer por palavras, quer pelo silêncio, acessível apenas no estado que não é nem o da palavra, nem o do silêncio (xxv. II), só então poderíamos aprender a viver. Viver meramente segundo "o Tao do homem" era vaguear. O Tao da filosofia Ju é, segundo as palavras de Confúcio, "a ligação dentro de si dos desejos do ego e dos desejos de outrem". Este, portanto, pode ser chamado o "Tao ético", ou o "Tao do homem", a manifestação, em ato, de um princípio de amor e de justiça.

Ele se identifica com a Regra de Ouro – tratar os outros como gostaríamos que nos tratassem. Mas não nos referimos ao "Tao do Céu". Na verdade, à medida que o confucionismo se desenvolvia, continuou a dividir e a subdividir a ideia do Tao, até este tornar-se apenas um termo indicativo de um princípio universal abstrato no reino da ética. Desse modo, ouvimos falar no "tao da paternidade", no "tao da filiação", no "tao das esposas", no "tao ministerial". Todavia, quando o pensamento confuciano veio a ser profundamente influenciado pelo taoismo, todos estes vários taos humanos podiam ser (como na verdade o foram) dedos apontando para o Tao invisível e divino. Esta afirmação se torna clara, por exemplo, no Tao da Pintura: "Durante todo o decorrer da pintura chinesa, o objetivo comum tem sido o de reafirmar o tao tradicional (humano) e transmitir ideias, princípios e método que foram demonstrados e se desenvolveram pelos mestres de cada período, como sendo meios de exprimir a harmonia do Tao"[5].

Chuang Tzu observou friamente que a busca do Tao ético se tornava ilusória, se procurássemos para os outros o que era bom para nós mesmos, sem antes realmente saber o que seria bom para nós.

Ele levanta essa questão do bem na meditação que eu chamei de "Perfeita Alegria". Antes de tudo, nega que a felicidade possa ser encontrada pelo hedonismo ou pelo utilitarismo (o "motivo de lucro" de Mo Ti). A vida de riquezas, de ambição, de prazeres, é, de fato, uma intolerável servidão, na qual "vivemos para o que está sempre fora do nosso alcance", ansiando "pela sobrevivência futura", e "incapazes de viver o presente". O filósofo Ju não teria nenhuma dificuldade em concordar que o motivo do lucro ou do prazer é indigno de um homem autêntico. Mas, por sua vez, Chuang Tzu volta-se imediatamente contra Ju, e critica o homem público heroico e pronto a se sacrificar, o "Homem Superior", virtuoso, formado na escola de Confúcio. A sua análise das ambiguidades de tal vida pode, talvez, parecer-nos sutil, a nós que vivemos num clima moral tão diferente. A preocupação de Chuang Tzu com o problema de que a própria bondade do bom e a nobreza do grande podem conter a semente escondida da ruína assemelha-se àquela preocupação que sentiram Sófocles e Ésquilo, um

---

5. Mai Mai Sze. *The Tao of Painting*, vol. I, p. 4.

pouco antes, no Ocidente. Chuang Tzu surge, aqui, com uma solução diferente, onde há menos do que um mistério religioso. Colocando isto em termos mais simples, o herói da virtude e do dever, em última análise, encontra-se nas mesmas ambiguidades que o hedonista ou o utilitarista. Por quê? É que ele procura atingir o "bem" como objetivo. Envolve-se numa campanha deliberada e autoconsciente, a fim de "cumprir com o seu dever", acreditando que isto é o certo, e, por conseguinte, o que produz a felicidade. Ele vê "a felicidade" e o "bem" como "algo a ser atingido" e, dessa maneira, coloca-os fora de si mesmo, no mundo dos objetos. Assim procedendo, deixa-se envolver por uma divisão da qual não há escapatória: de um lado, o presente, no qual ele ainda não está de posse do que procura e, de outro, o futuro, no qual ele acredita que terá o que desejar: entre o erro e o mal, a ausência do que procura, e o bem, que espera se torne atuante por seus esforços, a fim de eliminar os males; entre a sua própria noção do que é certo e errado, e a ideia antitética do que é certo e errado, mantida por alguma outra escola filosófica. E assim sucessivamente.

Chuang Tzu não se dispõe a enfrentar esta divisão, colocando-se "em uma posição determinada". Pelo contrário, acha que a dificuldade não está apenas no *meio* que o filósofo Ju escolhe a fim de atingir o seu fim, mas nos próprios fins em si mesmos. Acredita que todo o conceito de "felicidade" e de "infelicidade" é ambíguo desde o início, pois se coloca no mundo dos objetos. Isto não é menos verdadeiro em se tratando de conceitos mais sutis, tais como a virtude, a justiça, e assim por diante. De fato, isto é bem verdadeiro quando se trata do "bem e do mal", ou do "certo e do errado". Desde o momento que são tratados como "objetos a serem atingidos", estes valores conduzem à desilusão e à alienação. Portanto, Chuang Tzu se identifica com o paradoxo de Lao Tzu: "Quando todo o mundo reconhece o bem enquanto bem, ele se torna o mal", porque se torna algo que não se tem, e que temos sempre de procurar, até que, na verdade, ele se torna inacessível.

Quanto mais procurarmos o "bem" fora de nós mesmos, como algo a ser adquirido, tanto mais somos forçados à necessidade de discutir, de estudar, de entender, de analisar a natureza do bem. Tanto mais, também, passamos a ser envolvidos em abstrações e na confusão de opiniões divergentes. Quanto mais o "bem" for analisado objetivamente, quanto mais for ele tratado como algo a ser atingido por técnicas virtuosas especiais, tanto menos real se torna. À medida que se vai tornando menos real, regride mais e mais no caminho da abstração, do porvir, da inacessibilidade. Portanto, tanto mais nos concentramos no meio a ser empregado para alcançá-lo. E, à medida que o fim vai-se tornando mais remoto e mais dificultoso, torna-se mais rebuscado e complexo, até que, finalmente, o simples estudo do meio se torna tão problemático que todos os esforços devem concentrar-se nesse meio e, então, nos esquecemos do fim. Daí, pois, a nobreza do erudito Ju torna-se, na realidade, uma devoção à inutilidade sistemática de praticar meios que não conduzem a nada. Isto nada mais é, de fato, do que o desespero organizado: "o bem" pregado e teorizado pelo moralista torna-se, assim, um mal, e isso levado a um extremo cada vez maior, porque a busca desenfreada do bem desvia-o do bem verdadeiro, que já possuímos dentro de nós mesmos e que, agora, abandonamos ou ignoramos.

A diretriz do Tao é começarmos com o bem simples de que fomos dotados pelo próprio fato da nossa existência. Em vez de cultivarmos este bem autoconscientemente (que desaparece quando para ele olhamos e torna-se intocável, quando tentamos pegá-lo), vamos progredindo calmamente na humildade de uma vida simples, corriqueira, sendo que esta via é, de um certo modo, análoga (pelo menos psicologicamente) à "vida de fé" cristã. É mais uma questão de *acreditar* no bem do que de contemplá-lo como o fruto do nosso esforço pessoal.

O segredo da vida proposta por Chuang Tzu é, portanto, não a acumulação da virtude e do mérito, ensinada por Ju, mas o *wu wei,* o não fazer ou a inação, que não almeja resultados, e não se preocupa com planos conscientemente estabelecidos, nem com tentativas deliberadamente organizadas: "A minha maior felicidade consiste precisamente em não fazer nada que seja calculado a fim de obter a felicidade [...] A perfeita alegria é não se estar alegre" [...] se você me perguntar "o que deve ser feito" e "o que não deve ser feito" na terra para produzir a felicidade, eu responderia que estas perguntas não possuem uma resposta (fixa e predeterminada) que se adapte a cada caso. Se estamos em harmonia com o Tao – o Tao cósmico, o "Grande Tao" – a resposta tornar-se-á clara, quando o tempo começar a atuar, pois, aí, não agiremos de acordo com uma maneira de agir humana e autoconsciente, mas segundo a maneira espontânea e divina do *wu wei,* que é a maneira de agir do próprio Tao, e, portanto, a fonte de todo o bem.

A outra via, aquela da busca consciente, mesmo que possa ser uma via virtuosa, é fundamentalmente de autoengrandecimento, e, em consequência, destinada a entrar em conflito com o Tao. Daí ser ela autodestruidora, pois "o que é contra o Tao cessará de existir"[6]. Isto explica por que o *Tao Te Ching,* ao criticar a filosofia Ju, afirma que a virtude mais elevada é não virtuosa e, "por conseguinte, possui virtude". Mas "a virtude inferior nunca se liberta da virtuosidade e, portanto, não possui virtude"[7]. Chuang Tzu não se volta contra a virtude (por que o faria?), mas observa que a mera virtuosidade é vazia de significado e sem efeito mais profundo, quer na vida do indivíduo, quer na da sociedade.

Desde que tudo isto que foi escrito esclareça as dúvidas, observamos que as frases irônicas de Chuang Tzu a respeito da "correção" e das "cerimônias" não são enunciadas em nome de um hedonismo e de um antinomismo sem lei, mas em nome daquela virtude genuína, que está "além da virtuosidade".

---

6. *Tao Te Ching,* cap. 30.
7. Ibid., cap. 38.

Esclarecido isto, podemos verificar uma certa analogia entre Chuang Tzu e São Paulo. Essa analogia não deve, evidentemente, ser levada muito longe. Chuang Tzu carece do misticismo profundamente teológico de São Paulo. Mas os seus ensinamentos sobre a liberdade espiritual do *wu wei* e a relação da virtude ao Tao imanente é análoga ao ensinamento de São Paulo sobre a fé e a graça, em contraste com "as obras da Antiga Lei". A relação do livro de Chuang Tzu para com o Analetos, de Confúcio, não é diferente da relação das epístolas aos gálatas e aos romanos para com a Torá.

Para Chuang Tzu, o homem realmente grande não é, portanto, o homem que, por uma vida de estudos e de práticas, acumulou um grande lastro de virtudes e de méritos, mas o homem no qual "o Tao age sem impedimento", o "homem do Tao". Vários textos neste livro nos descrevem "o homem do Tao". Outros nos afirmam o que ele não é. Um dos mais instrutivos, nesse assunto, é a história longa e deliciosa do discípulo perfeccionista, cheio de angústias, de Keng Sang Chu, que é enviado a Lao Tzu para aprender "os elementos". Dizem-lhe que "se ele persistir em tentar atingir o que nunca se atinge [...] em raciocinar a respeito do que não pode ser compreendido, será destruído". Ao contrário, se apenas "souber quando parar", contentar-se em esperar, em escutar, e desistir de suas próprias tentativas inúteis, "fará com que o gelo se derreta". Então, começará a elevar-se sem se aperceber e sem nenhum estímulo para o autodesenvolvimento.

Chuang Tzu, cercado de "homens supostamente práticos" e de ambiciosos, refletiu que estes "operadores" conheciam o valor do "útil", mas não o valor maior, o do "inútil". Como afirmou John Wu:

"Para Chuang Tzu, o mundo devia se parecer com uma terrível tragédia escrita por um grande comediógrafo. Ele via políticos hábeis caírem em armadilhas que haviam armado para os outros. Via "estados predatas" engolindo estados inferiores, só para serem engolidos, por sua vez, por estados mais fortes. Dessa maneira, a utilidade, sempre tão cheia de jactâncias de talentos úteis, provava ser, não apenas inútil, mas autodestruidora"[8].

O "homem do Tao" preferirá a obscuridade e a solidão. Ele não procurará cargos públicos, mesmo se reconhecer que o Tao que "interiormente forma o sábio, exteriormente forma o Rei". Na "Tartaruga", Chuang Tzu coloca uma barreira breve e definida àqueles que vêm importuná-lo na sua pesca, à margem do rio, a fim de conseguir-lhes um emprego na capital. Ele até responde rispidamente, quando seu amigo Hui Tzu suspeita de que ele esteja tramando sobrepujá-lo em seu emprego público (cf. "A Coruja e a Fênix").

Por outro lado, Chuang Tzu não é apenas um simples recluso profissional. O "homem do Tao" não comete o erro de abandonar a virtuosidade autoconsciente a fim de mergulhar num recolhimento cada vez mais autoconsciente e contemplativo. Não podemos chamar Chuang Tzu de "contemplativo" no sentido daquele que adota um programa sistemático de autopurificação espiritual a fim de atingir certas experiências interiores definidas, ou mesmo unicamente para "cultivar a vida interior". Chuang Tzu condenaria isso, tanto como condenaria toda "cultuação" de qualquer coisa num plano "artificial". Toda "autocultuação" deliberada, sistemática e reflexiva, quer seja ativa, quer contemplativa, personalista ou prometida politicamente, isola o indivíduo do contato, misterioso mas indispensável, com o Tao, a "Mãe" oculta de toda vida e de toda verdade. Uma das coisas que produzem a tão profunda frustração do jovem discípulo de Keng Sang Chu é, exatamente, o fato de que se fecha numa cela e tenta cultivar qualidades que considera desejáveis, livrando-se de outras de que não gosta.

Uma vida contemplativa e interior que fizesse com que o indivíduo se conhecesse mais a si mesmo e que permitisse tornar-se

---

8. John C.H. Wu. *The wisdom of Chuang Tzu: A new appraisal*, p. 8, 1963.

obcecado pelo seu próprio progresso interior seria, para Chuang Tzu, uma ilusão não menos importante do que a da vida ativa do homem "benevolente" que tentasse, por seus próprios esforços, impor a sua ideia do bem a todos os que se pudessem opor a essa ideia – e, assim, tornar-se-iam, a seus olhos, "inimigos do bem". A verdadeira tranquilidade procurada pelo "homem do Tao" é *Ying ning*, a tranquilidade na ação da inação ou, em outras palavras, uma tranquilidade que transcende a divisão entre a atividade e a contemplação, ao entrar em união com o inominável e com o Tao invisível.

Chuang Tzu insiste a todo instante que isto significa o abandono da "necessidade para vencer" (cf. "O Galo de Briga"). Na "Montanha dos Macacos", ele mostra o perigo da esperteza e da virtuosidade e repete um dos seus adágios característicos, que assim poderíamos resumir: "Ninguém está tão errado como aquele que sabe todas as soluções". Mestre Chuang, como Lao Tzu, prega uma humildade essencial: não a humildade da virtuosidade e de um autoaniquilamento consciente que, em última análise, nunca se liberta da untuosidade de Uriah Meep[9], mas, sim, a humildade básica, e até diríamos "ontológica" ou "cósmica", do homem que compreende plenamente o seu próprio nada, e que se esquece inteiramente de si mesmo, "como se fora um tronco de árvore seco [...] como se fora cinzas apagadas".

Poderíamos chamar de "cósmica" a essa humildade, não apenas porque está enraizada na verdadeira natureza das coisas, mas também porque se reveste de muita vida e perspicácia, respondendo com alegria e ilimitada vitalidade a todos os seres vivos. Manifesta-se por toda a parte por meio de uma simplicidade franciscana e por uma conaturalidade com todas as criaturas vivas. Metade dos "personagens" que desfilam diante de nós para falar o que fala a mente de Chuang Tzu são animais – pássaros, peixes, sapos etc.

---

9. *Uriah Meep:* personagem de Charles Dickens, símbolo da mesquinhez e do egoísmo humano [N.T.].

O taoismo de Chuang Tzu se caracteriza pela nostalgia do clima primordial do paraíso, onde não existia nenhuma diferenciação, no qual o homem era muito simples, desligado de si, vivendo em paz consigo mesmo, com o Tao e com todas as demais criaturas. Mas, para Chuang, este paraíso não é algo que tenha sido irrevogavelmente perdido pelo pecado e não possa ser readquirido, exceto pela redenção. É ainda nosso, mas nós não o conhecemos, pois o efeito da vida em sociedade é complicar e confundir a nossa existência, fazendo-nos esquecer quem realmente somos, tornando-nos obcecados com aquilo que não somos, nessa autoconscientização que tentamos incrementar e aperfeiçoar por todos os tipos de métodos e de práticas, em que se trata realmente de um esquecimento de nossas raízes verdadeiras no "Tao incognoscível" e da nossa solidariedade no "bloco não talhado", no qual ainda não existem distinções.

O ensinamento paradoxal de Chuang Tzu, de que "você nunca encontrará a felicidade, a não ser quando cessar de procurá-la", não deve, contudo, ser interpretado pessimisticamente. Ele não prega o afastamento de uma existência intensa, ativa, humana, para a inércia e o quietismo. Está apenas afirmando que a felicidade pode ser encontrada, mas apenas pela não procura e pela inação. Pode ser encontrada, mas não por meio de um sistema ou de um programa. Um programa ou um sistema trazem esta desvantagem: tendem a colocar a felicidade em uma só espécie de ação e tendem a procurá-la apenas naquela situação dada. Mas a felicidade e a liberdade que Chuang Tzu viu no Tao é encontrada *em toda parte* (pois o Tao está em toda parte), e quando pudermos aprender a agir com esta liberdade específica de verificar que toda ação é a "perfeita alegria, pois é isenta de alegria", só então podemos realmente ser felizes em qualquer objetivo. Como Fung Yu Lan sintetiza no seu *Spirit of Chinese Philosophy* (p. 77), o sábio "acompanhará tudo e tudo acolherá de boa vontade tudo o que estiver em vias de ser construído e de ser destruído. Daí a razão de não poder ele ser alegre senão na liberdade, sendo essa sua alegria incondicionada".

O caráter verdadeiro do *wu wei* não é a mera inatividade, mas sim a *ação perfeita* – por se tratar de um ato sem atividades. Explicando melhor, é a ação, não levada avante independentemente do céu e da terra, nem em conflito com o dinamismo do todo, e, sim, em perfeita harmonia com o todo. Não é mera passividade, mas ação que parece ser isenta de esforços e espontânea, pois executada "corretamente", em perfeito acordo com a nossa natureza e com a nossa posição na trama dos acontecimentos. É totalmente livre, porque nela não há nenhuma força ou violência. Não é "condicionada", nem "limitada" por nossas próprias necessidades e desejos individuais, nem mesmo por teorias ou ideias.

É exatamente esse caráter *incondicional* do wu *wei* que distingue Chuang Tzu dos demais filósofos que erigiram sistemas que condicionaram obrigatoriamente as suas atividades. A teoria abstrata do "amor universal", pregada por Mo Ti, foi verificada com muita agudeza por Chuang Tzu como sendo falsa, por causa da inumanidade de suas consequências. Em tese, Mo Ti afirmava que todos nós, homens, deveríamos ser amados com igual amor; que o indivíduo deveria encontrar seu maior bem ao amar o bem comum de todos, que o amor universal seria recompensado pela tranquilidade, paz, boa ordem de todos e felicidade individual. Mas esse "amor universal" será encontrado após uma série de pesquisas (como a maioria dos outros projetos utópicos), exigindo tanto da natureza humana que é impossível que ele se torne um fato concreto e, realmente, mesmo que se tornasse, ele aleijaria e deformaria o homem, causando-lhe a ruína e a da sociedade. Não que o amor não seja bom nem natural para o homem, mas porque um sistema erigido sobre um princípio teórico e abstrato do amor ignora certas realidades fundamentais e misteriosas das quais não podemos estar conscientes, e o preço que pagamos por essa nossa ignorância é sinal de que o nosso "amor" é, de fato, um ódio.

Daí se depreende que a sociedade do "amor universal", planejada por Mo Ti, era uma sociedade de quarta classe, triste e sombria, pois toda a espontaneidade era olhada com suspeita. Os prazeres humanitários e organizados da vida amigável, ritualística, musical etc. de Confúcio eram todas banidas por Mo Ti. É importante salientar que, neste caso, Chuang Tzu defende a "música" e os "ritos", embora em outras situações ele se ria do amor exagerado a essas coisas. Afirma ele: "Mo Ti não conseguiria música nenhuma em vida, nenhum luto na morte [...] Embora os homens cantem, ele condena o canto. Os homens ficarão de luto e ele, ainda assim, condenará o luto; os homens exprimirão a sua alegria e, apesar disso, ele a condenará [...] será que tudo isso está de acordo com a natureza humana? Na vida diária, o trabalho; na morte, a mesquinhez: a sua via é a de um coração empedernido!"[10]

Do trecho acima podemos verificar que a própria ironia de Chuang Tzu a respeito dos enterros sofisticados deve ser encarada sob um prisma correto e bem delineado. A descrição totalmente fictícia e engraçada do "Despertar de Lao Tzu" dá a Chuang a oportunidade de criticar, não o luto em si, ou mesmo a compaixão para com nosso mestre, e, sim, aqueles traços artificiais deformados por um culto do mestre enquanto Mestre. O "tao do discipulato" é, para Chuang Tzu, um fio de imaginação, e não pode absolutamente substituir o "Grande Tao", no qual todas as relações atingem a sua própria ordem e expressão.

O fato de Chuang Tzu ter sido capaz de tomar partido por uma questão em um determinado contexto e outro partido em outro contexto nos chama a atenção para o fato de que, na realidade, ele está acima de qualquer disputa partidária. Embora seja um crítico social, sua crítica nunca é amarga ou dura. A ironia e a parábola são os seus instrumentos principais e toda a atmosfera de sua obra é de uma imparcialidade tolerante, evitando a pregação

---

10. *The Chuang Tzu book,* XXXIII, 2.

e reconhecendo a inutilidade de dogmatizar a respeito de ideias obscuras, que nem os próprios filósofos estavam aptos a entender. Embora não tivesse seguido os outros homens nas suas loucuras, não os julgava severamente – sabia que ele próprio possuía as suas, e tinha o bom-senso de reconhecer o fato e de saboreá-lo. Na verdade, via que uma das características básicas do sábio é a de reconhecer-se *igual aos outros homens*. Ele não se separa dos outros, nem se coloca acima deles. E, ainda assim, existe esta diferença: ele difere, "em seu coração", dos outros homens, pois está centrado no Tao e não em si mesmo. Mas "não percebe de que maneira é ele diferente". Também reconhece sua relação para com os outros, sua união a eles, mas não "compreende" isso. Apenas o vive[11].

A chave do pensamento de Chuang Tzu é a complementação dos contrários, e isso só pode ser encarado quando podemos apreender o "pivô" central do Tao, que passa formando um quadrado através do "Sim" e do "Não", do "Eu" e do "Não Eu". A vida é um contínuo vir a ser. Todos os seres estão num estado de fluxo. Chuang Tzu teria afinidades com Heráclito. O que hoje é impossível amanhã poderá ser, de repente, possível. O que hoje é bom e agradável poderá, amanhã, tornar-se mau e odioso. O que, sob um certo ponto de vista, parece certo, quando observado sob um aspecto diferente, poderá manifestar-se inteiramente errado.

Que deverá fazer, então, o sábio? Deverá ele permanecer indiferente e considerar o certo e o errado, o bem e o mal como se tivessem todos o mesmo valor? Chuang Tzu seria o primeiro a negar que assim o fosse. Mas, procedendo assim, negar-se-ia a apossar-se de um ou de outro, e a apegar-se como a um absoluto. Toda vez que uma visão limitada e condicionada do "bem" é erigida ao nível de um absoluto, imediatamente se torna um mal, porque exclui certos elementos complementares exigidos, caso se trate de um bem autêntico. Apegar-se a uma visão parcial, a uma

---

11. Ibid., 1-2.

opinião limitada e condicionada, e considerar isso como se fora a resposta última a todas as perguntas formuladas, é simplesmente "obscurecer o Tao" e fazer com que o indivíduo permaneça irremovivelmente no erro.

Aquele que se apoderar do pivô central do Tao será capaz de observar o "Sim" e o "Não" seguirem o seu curso alternado em torno da circunferência. Retém a sua perspectiva e a sua clareza de julgamento, de modo que sabe que o "Sim" é "Sim", à luz do "Não", que permanece em oposição a ele. Compreenderá que a felicidade, quando impelida a extremos, transforma-se em calamidade. Que a beleza, quando excessiva, torna-se feia. As nuvens transformam-se em chuva, e o vapor sobe novamente para formar as nuvens. Insistir em que as nuvens jamais devessem voltar a ser chuva é resistir ao dinamismo do Tao.

Essas teorias são empregadas por Chuang Tzu no trabalho do artista e do artífice, bem como no do professor de filosofia. No "Gravador de Madeira" vemos que o perfeito artífice não procede simplesmente segundo certas regras fixas e modelos externos. Fazer isso está muito certo, evidentemente, para o artífice medíocre. Mas o trabalho superior procede de um princípio espiritual oculto, que descobre, no jejum, no despojamento, no desprezo pelos prêmios e no abandono de toda esperança de lucro, exatamente a árvore que está à sua espera para ter essa obra precisa gravada à sua imagem. Neste caso, o artista trabalha como que em estado passivo, e é o Tao que está operando nele e através dele. Este é um tema favorito de Chuang Tzu, e frequentemente o encontramos repetido. "A via correta" de se construírem as coisas está além de uma reflexão autoconsciente, porque, "quando o sapato se adapta ao pé, este é desprezado".

No ensino de filosofia, Chuang Tzu não favorece o uso de sapatos apertados, que façam com que o discípulo fique inteiramente consciente do fato de que ele tem os dois pés... pois os sapatos o incomodam! Por esta mesma razão, Chuang critica não só os confucianos, tão presos a métodos e a sistemas, mas também os taoistas, que tentam infundir o conhecimento do Tao inominável quando ele não pode ser infundido e quando o ouvinte nem ainda está apto a receber as mais elementares noções sobre o Tao. A "Sinfonia para um pássaro marítimo" deve ser lida a partir deste princípio enunciado. Ela não se aplica exclusivamente ao aniquilamento da espontaneidade por uma insistência artificial na filosofia Ju, mas também a um zelo errôneo e mal interpretado na comunicação do Tao. Na verdade, o Tao não pode ser comunicado. Ainda assim ele se comunica à sua maneira. Quando chegar o momento preciso, mesmo aquele que parecer impossibilitado de qualquer instrução perceberá misteriosamente o Tao[12].

Enquanto isso, embora ele discordasse firmemente de seu amigo e cultor da dialética, Hui Tzu, e embora os seus discípulos (que estavam sem "necessidade de vitória") sempre representassem Chuang derrotando Hui nos debates, Chuang Tzu, na realidade, empregava muitas ideias metafísicas de Hui Tzu. Achava que, de acordo com o princípio da complementação, o seu pensamento individual não se encontrava completo dentro de si mesmo, a não ser que houvesse nele também a "oposição" de Hui Tzu.

Um dos "princípios" mais famosos de Chuang Tzu é aquele chamado o do "três pela manhã", da história dos macacos, cujo vigia calculava dar-lhes três porções de castanhas pela manhã e quatro à noite, mas, quando os macacos reclamaram contra tal atitude, ele mudou o seu plano, e deu-lhes quatro pela manhã e três à noite. Qual o significado que esta história encerra? Simplesmente que os macacos eram uns tolos, e que o vigia cinicamente os ludibriou? Não, justamente o contrário. O novo plano do vigia foi o de ter bastante discernimento para reconhecer que os macacos

---

12. Cf. " A Importância de ser desdentado", e " Quando o conhecimento foi ao Norte" neste livro.

tinham razões irracionais próprias que os levavam a querer quatro porções de castanhas pela manhã; e não insistiu teimosamente em seu plano inicial. Não ficou inteiramente indiferente à celeuma e percebeu que uma diferença acidental não afetaria a substância de seu plano. Nem perdeu mais tempo, exigindo que os macacos tentassem ser mais "razoáveis" na discussão, quando os macacos, antes de mais nada, não têm a possibilidade de ser razoáveis. Quanto mais insistirmos firmemente para que as pessoas sejam "razoáveis", tanto mais nos tornamos irrazoáveis. Chuang Tzu, solidamente centrado sobre o Tao, podia ver tudo isso com uma certa perspectiva. Seus ensinamentos seguem o princípio do "três pela manhã", e está fortemente assentado em dois níveis: um, o divino, o do Tao invisível, não identificável; e, o outro, ordinário, simples, da existência cotidiana.

2
Trechos de Chuang Tzu

A árvore inútil

Hui Tzu disse a Chuang:
Tenho uma grande árvore,
Que se chama "Malcheirosa".
Seu tronco tão torto
É tão cheio de nós
Que ninguém pode dele tirar uma só tábua.
Os galhos são tão retorcidos
Que você não consegue cortá-los
De modo a que sejam úteis.

Lá está ela à beira da estrada.
Carpinteiro nenhum a olhará.
Eis o seu ensinamento –
Grande e inútil.

Respondeu-lhe Chuang Tzu:
Já viu o gato do mato
Agachado, espreitando a sua presa –,
Pula assim, e assim,
Para cima e para baixo, e por fim

Cai na armadilha.
  Mas o iaque, já viu?
Poderoso qual trovão
Mantém-se com sua força.
Grande?
Claro que sim,
Mas não sabe pegar ratos!

Assim, a sua árvore inútil.
Inútil?
Plante-a então no terreno baldio
Sozinha
E caminhe a esmo, em torno dela,
Descanse à sua sombra;
Nenhum machado ou decreto proclamará o seu fim.
Ninguém jamais a abaterá.
Inútil? Que me importa!

$$(i, 7)[1]$$

---

1. As referências aos textos apresentados nesta obra são de *The texts of Taoism,* traduzido por James Legge.

O vendedor de chapéus e um monarca habilidoso

Um homem de Sing comerciava
Com chapéus de seda, para cerimônias.
Viajava com uma quantidade de chapéus
Para os selvagens do Sul.
Os selvagens tinham as cabeças raspadas.
Corpos tatuados.
Que lhe podiam interessar
Chapéus de cerimônias,
De seda?

Yao governara sabiamente
Toda a China
Trouxera ao mundo inteiro
A paz.
Depois, foi visitar
Os quatro Perfeitos

Nas montanhas distantes de Ku Shih.
Quando voltou
Pela fronteira
Para sua própria cidade
Perdeu a visão
E não viu trono nenhum.

(i, 6)

O sopro da natureza

Quando a natureza magnânima suspira,
Ouvimos os ventos
Que, silenciosos,
Despertam as vozes dos outros seres,
Soprando neles.
De toda fresta
Soam altas vozes. Já não ouvistes
O marulhar dos tons?

Lá está a floresta pendente
Na íngreme montanha:
Velhas árvores com buracos e rachaduras,
Como focinhos, goelas e orelhas,
Como orifícios, cálices,
Sulcos na madeira, buracos cheios d'água:
Ouve-se o mugir e o estrondo, assobios,
Gritos de comando, lamentações, zumbidos
Profundos, flautas plangentes.

Um chamado desperta o outro no diálogo.
Ventos suaves cantam timidamente,
E os fortes estrondam sem obstáculos.
E então o vento abranda.
As aberturas
Deixam sair o último som.
Já não percebestes como então tudo treme e
Se apaga?

Yu respondeu: Compreendo:

A música terrestre canta por mil frestas.

A música humana é feita de flautas e de instrumentos.

Que proporciona a música celeste?

Mestre Ki respondeu:

Algo está soprando por mil frestas diferentes.

Alguma força está por trás de tudo isso e faz

Com que os sons esmoreçam.

Que força é esta?

(ii, 1)

A grande sabedoria

A grande sabedoria vê tudo num só.
A pequena sabedoria multiplica-se entre as muitas
partes.

Quando o corpo adormece, a alma envolve-se no Uno.
Quando o corpo desperta, os sentidos abertos
começam a funcionar.
Ressoam a cada encontro
Com os afazeres vários da vida, as dificuldades do
coração;
Os homens estão bloqueados, perplexos, perdidos
na dúvida.
Pequenos temores devoram a paz do seu coração.
Grandes temores os tragam totalmente.
Flechas vão de encontro ao alvo: acertam e erram,
certo e errado.

A isto é que os homens chamam discernimento,
decisão.
Seus pronunciamentos são tão definitivos
Como os tratados entre imperadores.
Ah, eles alcançam o que desejam!
Mesmo assim, seus argumentos esmorecem mais
rápido e mais fracos
Que folhas mortas no outono e inverno.
Suas conversas fluem como urina,
Para nunca mais se recomporem.
Ficam, por fim, bloqueados, limitados, e amordaçados,
Obstruídos, como velhos canos.
A mente falha. Nunca mais verá a luz.

O prazer e a raiva
A tristeza e a alegria
Esperança e perdão
Mudança e estabilidade
Fraqueza e firmeza
Impaciência e preguiça:
Todos são sons da mesma flauta,
Todos são cogumelos do mesmo úmido mofo.
Dia e noite seguem-se uns aos outros e vêm
Até nós, sem vermos como eles brotam!
Basta! Basta!
Cedo ou tarde encontramos o "quê"
Do qual "estes" todos crescem!

Se não houvesse o "quê"
Não haveria o "isto".
Se não houvesse o "isto"
Nada haveria com que estas cordas tocassem.
Até aí podemos chegar.
Mas como compreendermos
A causa de tudo isso?
Pode-se supor o Verdadeiro Governante
Por detrás de tudo. Que tal Força opera
Eu acredito. Não posso ver sua forma.

Ela age, mas é sem forma.

(ii, 2)

O pivô

O Tao se obscurece quando os homens compreendem apenas um, dentre um par de opostos, ou se concentram apenas num aspecto parcial do ser. E, depois, a expressão clara perde-se no mero jogo de palavras, afirmando este aspecto, e negando todos os outros.

Daí a polêmica entre os confucianos e os maositas, cada qual negando o que o outro afirma, e afirmando o que o outro nega. Qual a vantagem dessa polêmica, de colocar o "Não" contra o "Sim", e o "Sim" contra o "Não"? O melhor é desistir deste esforço inútil e procurar a verdadeira luz!

Nada há que não possa ser contemplado do ponto de vista do "Não Eu". E nada há que não possa ser contemplado do ponto de vista do "Eu". Se começo por olhar qualquer coisa do ponto de vista do "Não Eu", não a *vejo,* realmente, porque é o "Não Eu" que se vê. Se começo de onde estou, e vejo-a como eu vejo, pode suceder então que a veja como o outro a vê. Daí a teoria do reverso[2], que os opostos produzem entre si, dependendo de cada um e complementando-se mutuamente.

Como quer que isso aconteça, a vida é seguida da morte; a morte é seguida da vida. O possível torna-se impossível; o impossível, possível. O certo torna-se errado, e o errado, certo... O fluxo vital altera as circunstâncias e, assim, as coisas por si mesmas alteram-se, por sua vez. Mas os polemistas continuam a afirmar e a negar as mesmas coisas que sempre afirmaram e negaram, ignorando os novos aspectos da realidade apresentada pela mudança de condições.

O sábio, portanto, em vez de tentar provar este ou aquele ponto pela disputa lógica, vê todas as coisas à luz da intuição direta. Não se prende aos limites do "Eu", pois o ponto de vista da in-

---

2. Elaborada por Hui Tzu. Mas cf. tb. o *Tao Teh Ching.*

tuição direta é tanto o "Eu" como o "Não Eu". Daí notar ele que, tanto de um como de outro lado de cada argumento, há o certo e o errado. Também vê que, no final, eles se reduzem à mesma coisa, uma vez que estão relacionados com o pivô do Tao.

Quando o sábio se apodera deste pivô, ele está no centro do círculo, e lá fica enquanto o "Sim" e o "Não" perseguem-se um ao outro, em torno da circunferência.

O pivô do Tao passa pelo centro para onde convergem todas as afirmações e todas as negações. Todo aquele que se apoderar do pivô coloca-se no ponto morto de onde podem ser vistos todos os movimentos e oposições, em sua correta interdependência. Por conseguinte, ele vê as possibilidades ilimitadas, tanto do "Sim" como do "Não". Quando abandona toda ideia de impor limites ou de tomar partido, repousa na intuição direta. Portanto, é como eu dissera antes: "É melhor desistir das discussões e procurar a verdadeira luz!"

(ii, 3)

Três pela manhã

Toda vez que gastamos nossas mentes, apegando-nos teimosamente a uma visão parcial das coisas, recusando urna concórdia mais profunda entre este ou aquele contrário que o complementa, temos o chamado "três pela manhã".

O que vem a ser esse "três pela manhã"?

Um domador de macacos dirigiu-se a eles e disse-lhes:

"Quanto às suas castanhas, vocês terão três quantidades pela manhã, e quatro à tarde".

Ouvindo isso, os macacos ficaram com raiva. Então, o domador lhes disse: "Está bem, neste caso, eu lhes darei quatro pela manhã e três à tarde". Ouvindo isso, os macacos ficaram satisfeitos.

As duas sugestões eram equivalentes, pois o número das castanhas não se alterava. Mas, em uma delas os macacos ficavam descontentes e, na outra, ficavam satisfeitos. O domador teve vontade de modificar a sua sugestão pessoal, de modo a satisfazer as condições objetivas. E nada perdeu com isso!

O verdadeiro sábio, considerando todos os lados da questão imparcialmente, vê-os todos à luz do Tao.

A isto chama-se seguir dois cursos de uma só vez[3].

---

3. Os "dois cursos" são, de um lado, a via superior do Tao, a "divina", e, de outro lado, a via ordinária, humana, manifesta nas condições corriqueiras da vida cotidiana.

Destrinchando um boi

O cozinheiro do Príncipe Wen Hui
Estava destrinchando um boi.
Lá se foi uma pata,
Pronto, um quarto dianteiro,
Ele apertou com um dos joelhos,
O boi partiu-se em pedaços.
Com um sussurro,
A machadinha murmurou
Como um vento suave.
Ritmo! Tempo!
Como uma dança sagrada,
Como "a floresta de arbustos".
Como antigas harmonias!

"Bom trabalho"! exclamou o Príncipe
"Seu método é sem falhas"!
"Método"?, disse-lhe o cozinheiro
Afastando a sua machadinha,
"O que eu sigo é o Tao,
Acima de todos os métodos!

Quando primeiro comecei
A destrinchar bois
Via diante de mim
O boi inteiro
Tudo num único bloco.

"Depois de três anos
Nunca mais vi este bloco
Via as suas distinções.

"Mas, agora, nada vejo
Com os olhos. Todo o meu ser
Apreende.
Meus sentidos são preguiçosos. O espírito
Livre para operar sem planos
Segue o seu próprio instinto
Guiado pela linha natural,
Pela secreta abertura, pelo espaço oculto,
Minha machadinha descobre seu caminho.
Não corto nenhuma articulação, não esfacelo
   nenhum osso.
"Todo bom cozinheiro precisa de um novo facão, uma vez por
ano – ele corta.

Todo cozinheiro medíocre precisa de um novo cada mês – ele
estraçalha!
"Eu sou a mesma machadinha
Há dezenove anos.
Cortou mil bois.
Sua lâmina é tão fina
Como se fosse afiada há pouco.

"Não há espaços nas articulações;
A lâmina é fina e afiada:
Quando sua espessura encontra
Aquele espaço
Lá você encontrará todo o espaço

De que precisava!
Ela corta como uma brisa!
Por isso tenho esta machadinha há 19 anos
Como se fora afiada há pouco!

"Realmente, há, às vezes,
Duras articulações. Vejo-as aparecendo
Vou devagar, olho de perto,
Seguro a machadinha atrás, quase que não movo
    a lâmina,
E, vapt! A parte cai
Como um pedaço de terra.

"Então retiro a lâmina,
Fico de pé, imóvel,
E deixo que a alegria do trabalho
Penetre.
Limpo a lâmina
E ponho-a de lado".

Disse o Príncipe Wan Hui:
"É isso mesmo! Meu cozinheiro ensinou-me
Como devo viver
A minha própria vida!"

(iii, 2)

O perneta e o faisão do pântano

O Rei Wen Hsien viu um secretário aleijado
Cujo pé esquerdo havia sido cortado
Uma falha na trama política!

"Que tipo de homem", disse-lhe, "é esta figura de
um pé só?
Como ficou assim? Diremos que o causador disto
Foi o homem, ou o céu?"

"O céu", respondeu. Isto vem do céu, não do homem.
Quando o céu deu a vida a este homem,
Quis que ele sobressaísse aos outros
E enviou-o à política
Para tornar-se famoso.
Veja! Com um pé só! Este homem é diferente!"

O pequeno faisão do pântano
Tem de pular dez vezes num pé só,
Para comer razoavelmente.

Deve correr cem passos
Antes de beber um pouco de água.
Ainda assim não pede para
Ficar num galinheiro
Embora tivesse tudo
Diante de seus olhos.

Ele preferiria correr
E procurar o que comer
Fora da prisão.

(iii, 3)

O jejum do coração

Yen Hui, o discípulo favorito de Confúcio, veio despedir-se de seu Mestre.

"Aonde você vai?", perguntou Confúcio.

"Vou para Wei".

"Para quê?"

"Ouvi falar que o Príncipe de Wei é uma pessoa luxuriosa, com sangue quente nas veias e muito autoritário. Não dá a menor importância a seu povo e recusa-se a ver qualquer falha em si mesmo. Não dá a menor atenção ao fato de que os seus súditos estão morrendo, a torto e a direito. Cadáveres jazem por todo o país, como feno no campo. O povo está desesperado. Mas ouvi o senhor dizer, Mestre, que devemos abandonar o estado que está bem governado, e ir para o que está em anarquia. No consultório do médico há muitos doentes. Quero aproveitar esta oportunidade para pôr em prática o que aprendi com o senhor, e ver se posso melhorar as condições de lá."

"Quem dera que pudesse", disse-lhe Confúcio, "você não imagina o que está fazendo. Você trará a ruína à sua própria pessoa. O Tao não necessita de anseios, e você apenas desperdiçará as suas energias em seus esforços malbaratados. Desperdiçando energias, você ficará confuso e ansioso. Com isto, você não será mais capaz de ajudar-se a si mesmo. Os sábios antigos procuravam o Tao, primeiro dentro de si mesmos, depois olhavam para ver se existia algo nos outros que correspondesse ao Tao que eles concebiam. Mas, se você não possuir o Tao dentro de si, de que valerá gastar o seu tempo em vãos esforços a fim de proporcionar aos políticos corruptos uma plataforma correta? [...] contudo, acredito que você deva ter uma certa base para esperar obter sucesso. Como acha que poderá levar avante o seu plano?"

Yen Hui respondeu: "Tenciono apresentar-me como um homem humilde, desinteressado, que procura apenas fazer coisas certas, e nada mais: uma maneira inteiramente simples e honesta. Será que com isso ganharei a confiança do senhor?"

"Certamente que não", respondeu-lhe Confúcio. "Este homem está convencido de que só ele é que tem razão. Pode pretender, exteriormente, interessar-se por um plano objetivo de justiça, mas não se engane com sua aparência exterior. Ele não está habituado a ter nenhum adversário. O seu ponto de vista é o de assegurar-se de que está certo, esmagando as outras pessoas. Se ele faz isso com os medíocres, certamente o fará com um homem que se lhe apresenta como uma ameaça de ser alguém de altas qualidades. Ele se apegará teimosamente ao seu modo de pensar. Pode pretender estar interessado em sua conversa a respeito do que seja objetivamente certo, mas, por dentro, não lhe estará dando ouvidos, e nenhuma alteração haverá. E, com isso, você não estará realizando nada".

Aí, disse-lhe Yen Hui: "Muito bem. Em vez, então, de ir-me diretamente em oposição a ele, manterei os meus próprios modos de pensar, mas, exteriormente, farei como se fosse ceder. Apelarei para a autoridade da tradição e para os exemplos do passado. Todo aquele que não for comprometido interiormente é um filho do céu, tanto quanto qualquer governante. Não confiarei em nenhum ensinamento meu, e, por conseguinte, não me preocuparei se tenho ou não razão. Serei também reconhecido como muito desinteressado e sincero. Todos irão apreciar a minha candura e, assim, serei um instrumento do céu no seu meio.

"Desta maneira, submetendo-me à obediência ao Príncipe, como fazem os outros homens, curvando-me, ajoelhando-me, prostrando-me como faria um criado, serei aceito, sem nenhuma queixa. Depois disso, outros confiarão em mim e, pouco a pouco, me utilizarão, vendo que meu desejo é apenas o de me tomar útil e trabalhar para o bem-estar de todos. Assim, servirei como um instrumento dos homens.

"Enquanto isso, tudo o que tiver de dizer será expresso de acordo com a antiga tradição. Estarei trabalhando com a tradição sagrada dos antigos sábios. Embora o que eu tenha a dizer seja objetivamente uma condenação da conduta do Príncipe, não serei eu, e sim a própria tradição que estará falando por mim. Desta maneira, serei extremamente honesto e não ofenderei a ninguém. Desse modo, também, serei um instrumento da tradição. O senhor não acha que este meu modo de encarar a questão é que está certo?"

"Evidentemente que não", disse-lhe Confúcio. "Você tem vários planos diferentes de ação, quando você ainda nem conhece o Príncipe, nem observou o seu caráter! Na melhor das hipóteses, você poderá fugir e salvar a sua pele, mas ainda assim não estará mudando nada do que encontrou. Ele poderá, superficialmente, conformar-se com as suas palavras, mas não haverá nenhuma mudança radical em seu coração".

Disse-lhe então Yen Hui: "Bem, isto é a minha melhor colaboração à questão. Gostaria que me dissesse, Mestre, o que o senhor me aconselharia".

"Você tem de *jejuar*!", disse-lhe Confúcio.

"Sabe o que quero dizer com essa palavra, jejuar? Não é fácil. Mas os caminhos fáceis não vêm de Deus".

"Ah", disse Yen Hui, "eu já me acostumei a jejuar! Em casa, éramos pobres. Passávamos meses sem vinho nem carne. Isso é que é jejum, não?"

"Bem, você poderá chamar a isso de observar o jejum, se quiser", disse-lhe Confúcio, "mas não é o jejum do coração".

"Diga-me", retrucou-lhe Yen Hui, "o que se entende por jejum do coração?"

Respondeu-lhe Confúcio: "O objetivo do jejum é a unidade interior. Isto significa ouvir, mas não com os ouvidos; ouvir, mas não com o entendimento; ouvir com o espírito, com todo o seu ser. Ouvir apenas com os seus ouvidos é uma coisa. Ouvir com o entendimento é outra. Mas ouvir com o espírito não se limita a qualquer faculdade, aos ouvidos ou à mente. Daí exigir o esvaziamento de todas as faculdades. E quando as faculdades ficam vazias, então todo o ser escuta. Há então uma posse direta do que está ali, diante de você, que nunca poderá ser ouvido com os ouvidos, nem compreendido com a mente. O jejum do coração esvazia as faculdades, liberta-as dos liames e das preocupações. O jejum do coração é a origem da unidade e da liberdade".

"Já percebi", disse-lhe Yen Hui. "O que me impedia de perceber era a minha própria autopreocupação. Se eu começar este jejum do coração, a autopreocupação desaparecerá. Então, ficarei livre das limitações e das preocupações! Não é isso o que o senhor quer dizer?"

"Sim", disse-lhe Confúcio, "é isso mesmo! Se conseguir tal objetivo, você será capaz de ir ao mundo dos homens sem os perturbar. Não entrará em conflito com a imagem que eles fazem de si mesmos. Se eles o estiverem escutando, cante-lhes uma canção. Se não, fique em silêncio. Não tente arrombar-lhes a porta. Não tente novos medicamentos neles. Apenas coloque-se entre eles, porque nada há a fazer senão ser um dentre eles. Aí, então, você poderá obter sucesso!

"É fácil permanecer quieto, sem deixar vestígios; o difícil é caminhar sem tocar no chão. Se seguir os métodos humanos, você poderá enfrentar a decepção. No caminho do Tao, nenhuma decepção é possível.

"Você sabe que podemos voar com asas: ainda não aprendeu a voar sem elas. Já se familiarizou com a sabedoria dos que sabem, mas ainda não se familiarizou com a sabedoria dos que não sabem.

"Olhe esta janela: nada mais é do que uma abertura na parede, mas, por causa dela, todo o quarto se encheu de luz. Assim, quando as faculdades se esvaziam, o coração está cheio de luz. Cheio de luz, ele torna-se uma influência por intermédio da qual os outros são secretamente transformados".

(iv, l)

Os três amigos

Havia três amigos
Discutindo sobre a vida.
Disse um deles:
"Poderão os homens viver juntos
E nada saber sobre a vida?
Trabalhar juntos
E nada produzir?
Podem voar pelo espaço
E se esquecer de que existe
O mundo sem fim?"
Os três amigos entreolharam-se,
E começaram a rir.
Não sabiam responder.
Assim, ficaram mais amigos do que antes.

Depois, um dos amigos morreu.
Confúcio
Enviou um discípulo para ajudar os dois outros
A cantar suas exéquias...
O discípulo observou que um amigo
Compusera uma canção.
Enquanto o outro tocava o alaúde,
Cantaram:
"Ei, Sung Hu!
Aonde vai você?
Ei, Sung Mu!
Aonde vai?
Você foi

Aonde você já estava.

E aqui estamos –

Que diabo! Aqui estamos!"

Em seguida, o discípulo de Confúcio lançou-se contra eles e exclamou:

"Posso saber onde vocês encontraram isto nas rubricas das exéquias? Esta algazarra frívola em presença do que partiu?"

Os dois amigos entreolharam-se e riram:

"Pobre criatura!", disseram, "não conhece a nova liturgia!"

(vi, 11)

O despertar de Lao Tzu

Lao Tan estava morto.
Chin Shih esperava o despertar.
Ele deu três gritos
E foi para casa.

Um dos discípulos disse:
Você não era amigo do Mestre?
"Certamente", disse ele.

"Não é suficiente para você
Prantear melhor do que o fez?"

"No princípio", disse Chin Shih, "pensei
Que ele fosse o maior dos homens.
Mas não mais! Quando vim pranteá-lo
Encontrei velhos lamentando-o como a um filho,
Jovens soluçando como se fosse sua mãe.
Como ele uniu-os a si tão firmemente,
Senão por palavras que nunca deveria dizer
Nem por lágrimas que nunca deveria chorar?

"Enfraqueceu seu ser autêntico,
Muniu-se de carga sobre carga
De emoção, aumentou
A enorme prestação de contas,
Esqueceu o dom que Deus lhe confiara:
A isto os Antigos chamaram castigo,
Por ter abandonado o *Ego* Verdadeiro.

"O Mestre veio na época certa
Ao mundo. Quando seu tempo passou,
Abandonou-o de novo.
Todo aquele que espera seu tempo,
Que se submete, quando seu trabalho
Está feito,
Na sua vida na há lugar
Para tristezas nem alegrias.
Eis como os antigos disseram
Tudo isso em quatro palavras:
'Deus corta o fio'.

Vimos como uma fogueira de gravetos
Se apaga. Agora o fogo

Queima em outro lugar. Onde?
Quem poderá saber? Estas brasas
Estão queimadas".

(iii, 4)

Confúcio e o louco

Quando Confúcio visitava o estado de Chu,
Vinha vindo Kieh Yu,
O louco de Chu
E cantou à porta do Mestre:
"Ó Fênix, Fênix,
Aonde foi sua virtude?
Ela não pode alcançar o futuro
Nem trazer de volta o passado!
Quando o mundo tem sentido
O sábio tem muito o que fazer.
Eles só podem esconder-se
Quando o mundo está desgovernado.
Hoje, se você puder viver,
Sorte a sua;
Tente sobreviver!

"A alegria é leve como pena,
 Mas quem pode carregá-la?
O perdão cai como barreira,
Quem poderá desviá-lo?

"Nunca, nunca mais
Ensine a virtude.
Você caminha no perigo,
Cuidado! Cuidado!
Mesmo as avencas podem cortar seus pés –
Quando ando loucamente

Ando direito:
Mas serei eu homem
Para ser imitado?"

A árvore no alto da montanha é sua própria inimiga.
A graxa que devora a luz devora-se a si.
O cinamomo é comível: assim ela cai por terra!
A árvore do lacre é aproveitável: eles a cortam.
Todo homem sabe como é útil ser útil.

Ninguém parece saber
Como é útil ser inútil.

(iv, 9)

O homem autêntico

O que vem a ser um "homem autêntico?"
Os autênticos homens antigos não tinham medo
Quando ficavam a sós com suas opiniões.
Nenhuma grande proeza. Planos, nenhum.
Se falhassem, nenhuma compaixão.
Nenhuma autocongratulação no sucesso.
Escalaram rochedos, sem nunca sofrerem vertigens,
Mergulharam na água, sem nunca ficarem molhados,
Andaram no fogo e não se queimaram.
Assim, toda a sabedoria atingiu o Tao.

Os autênticos homens antigos
Dormiam sem sonhos
Acordavam sem preocupações
Sua comida era simples.
Respiravam profundo.
Nos homens autênticos a respiração autêntica
Vem dos calcanhares.
Nos outros a respiração vem do esôfago,
Meio-estrangulada. Nas discussões
Arrotam argumentos
Como vômitos
Onde as fontes da paixão são
Profundas,
As fontes celestes
Ficam logo secas.

Os autênticos homens antigos
Não conheciam o luxo da vida,
Nenhum medo da morte.
Sua entrada era sem contentamento,
Sua saída,
Sem resistência.
Fácil de começar, fácil de terminar.
Não se esqueceram de onde,
Nem perguntaram para onde,
Nem foram tristemente à frente
Lutando pela vida afora.
Aceitaram a vida como é, felizes.
Aceitaram a morte como se apresenta, despreocupados.
E partiram, para lá,
Para lá!

Não desejavam combater o Tao.
Não tentavam, por seus próprios planos,
Ajudar o Tao.
Estes são o que chamamos homens autênticos.
Mentes livres, pensamentos distantes,
Frontes limpas, faces serenas.
Estavam frescas? Frescas apenas como o outono.
Quentes? Nem mais quentes que a primavera.
Tudo isto surgiu deles
Calmamente, como as quatro estações.

(vi, 1)

A metamorfose

Quatro homens entraram em discussão.
Cada qual falou:
"Quem souber
Ter o vazio como cabeça,
A vida como espinha dorsal
E a Morte como cauda,
Este será meu amigo!"

Nisto todos se entreolharam,
Viram que concordaram,
Riram alto
E ficaram amigos.

Depois um caiu doente
E o outro foi visitá-lo.
"Grande é o Criador", dizia o doente,
"Que me fez como sou!"

"Estou tão confuso,
Meu tutano cobre a minha cabeça;
Sobre o meu umbigo
Descanso a minha cabeça;
Meus ombros salientam-se
Além do pescoço;

Minha fronte é uma úlcera
Medindo o céu;
Meu corpo é o caos,

Mas minha mente está em ordem".
Arrastou-se para o poço,
Viu seu reflexo, e declarou:
"Que confusão
Que ele fez de mim!"

Seu amigo perguntou-lhe:
"Você está desanimado?"

"Qual nada! Por que haveria de estar?
Se Ele me separa
E faz um galo
De meu ombro esquerdo,
Eu anunciarei a madrugada.
Se Ele fizer um arco
Do meu ombro direito
Procurarei pato assado.
Se meu assento se transformar em rodas
E se meu espírito vier a ser um cavalo,
Prepararei minha própria carroça
E andarei por aí.

Há um tempo de juntar
E um tempo de separar.
Aquele que entender
Este curso dos acontecimentos
Toma cada novo estado
Em sua devida hora

Sem nenhuma tristeza nem alegria.
Os antigos diziam: 'O enforcado
Não pode cortar-se a si mesmo'.
Mas no tempo adequado
A natureza é mais forte
Do que todas as cordas e elos.
Sempre foi assim.
Onde está uma razão
Para desanimar?"

(vi, 9)

O homem nasce no Tao

Os peixes nascem na água
O homem nasce no Tao.
Se os peixes, nascidos na água,
Procuram a sombra frondosa
De um lago ou piscina,
Todos seus anseios são satisfeitos.
Se o homem, nascido no Tao,
Mergulha na sombra frondosa
Da Inação
Para esquecer a combatividade e a preocupação,
Não necessita de nada,
Sua vida está segura.

Moral: "Tudo de que o peixe necessita
É de perder-se na água.
Tudo de que o homem necessita
É de perder-se no Tao".

(vi, 11)

Dois reis e a não forma

O Rei do Mar do Sul era age-conforme-teu-palpite,
O Rei do Mar do Norte era age-num-relâmpago.
O rei do lugar entre um e outro era
A Não Forma.

Ora, o Rei do Mar do Sul
E o Rei do Mar do Norte
Costumavam ir juntos frequentemente
À terra do Não Forma.
Este os tratava bem.

Então, consultavam entre si,
Pensavam num bom plano,
Numa agradável surpresa para
Não Forma
Como penhor de gratidão.
"Os homens", disseram, "Têm sete aberturas
Para ver, ouvir, comer, respirar,
E assim por diante. Mas o Não Forma
Não tem aberturas. Vamos fazer nele
Algumas aberturas".

Depois disso
Fizeram aberturas em Não Forma,
Uma por dia, em sete dias.
Quando terminaram a sétima abertura,
Seu amigo estava morto.

Disse Lao Tan: "Organizar é destruir".

(vii, 7)

Arrombando o cofre

Como segurança contra os ladrões que roubam
  bolsas, leiloam bagagens e arrombam cofres,
Devemos prender todos os objetos com cordas,
  fechá-los com cadeados, trancá-los.
Isto (para os proprietários) é elementar bom-senso.
Mas quando um ladrão forte se aproxima,
Apanha tudo,
Põe nas costas e segue seu caminho
Com um só medo:
De que as cordas, cadeados e trancas possam ceder.
Assim, o que o mundo chama
De bom negócio é apenas um meio
De pegar o saque, embrulhá-lo, torná-lo bem forte
Em uma carga adequada para ladrões mais espertos.
Quem, entre os espertos,
Não passa seu tempo empilhando seu saque
Para um ladrão maior que ele próprio?

Na terra de Khim de aldeia em aldeia,
Podíamos ouvir galos cantando, cachorros latindo,
Pescadores lançando redes,
Agricultores arando vastos campos,
Tudo era bem delineado
Por linhas fronteiriças. Em quinhentas milhas quadradas
Havia templos para antepassados, altares
Para deuses agrícolas e espíritos do milho.
Cada cantão, condado ou distrito
Governava-se segundo leis e estatutos –
Até que num dado instante o Procurador

Geral Tien Khang Tzu,
Assassinou o rei e usurpou-lhe todo o estado.

Estava contente de saquear a terra? Não,
Ele também apoderou-se das leis e estatutos ao
    mesmo tempo,
E todos os advogados também, sem falar na polícia.
Todos tomavam parte no mesmo embrulho.

Evidentemente, o povo chamou
Khang Tzu de ladrão,
Mas deixaram-no em paz
Viver tão feliz como os Patriarcas.
Nenhum estado pequeno diria uma palavra contra ele,
Nenhum estado grande iria a seu favor.
Assim, por doze gerações, o estado de Khi
Pertenceu à sua família. Ninguém interferiu
Em seus direitos inalienáveis.
A invenção
De pesos e medidas
Facilita o roubo.
Assinar contratos, colocar selos,
Assegura o roubo.
O ensino do amor e do dever,
Linguagem adequada
Que prova que o roubo
É realmente para o bem comum.
Um homem pobre deve fugir
Ao roubar uma fivela de cinto.
Mas se um rico rouba todo um estado

É aclamado
O estadista do ano.

Daí, se você quiser ouvir os melhores discursos
Sobre o amor, o dever, a justiça etc.
Ouça os estadistas.
Mas quando o riacho secar
Nada crescerá no vale.
Quando o monte de areia fica num nível certo,
O buraco próximo é cheio.
E quando os estadistas e advogados
E pregadores do dever desaparecem,
Não há mais roubos e o mundo
Fica em paz.

Moral: Quanto mais você acumular princípios éticos
E deveres e obrigações
Para trazer todos na linha,
Tanto mais você recolherá o saque
Para um ladrão como Khang.
Como argumento ético
E princípio moral
Os maiores crimes mostram-se
Necessários, e, de fato,
Um sinal benéfico
À humanidade.

(ix, 2)

Deixar as coisas como estão

Sei como deixar o mundo tranquilo, e não interferir. Não sei a maneira como irei dirigir. Deixar como está, de modo que os homens não destorçam a natureza das coisas! Não interferir, de modo que os homens não se transformem naquilo que não são! Quando os homens não se deformam nem se aleijam, até que não possam ser mais reconhecidos, quando se lhes é permitido viver – o objetivo do governo é alcançado.

Muitas diversões? Yang tem muitas influências. Muitos sofrimentos? Yin tem muitas influências. Quando qualquer destes ultrapassa o outro, é como se as estações surgissem em épocas erradas. O equilíbrio do frio e do calor destrói-se; o corpo humano sofre.

Muita felicidade, muita infelicidade fora do tempo adequado, os homens saem do seu equilíbrio. O que farão? O pensamento vagueia às tontas. Nenhum controle. Tudo começam e nada terminam. Aqui começa a concorrência, aqui nasce a ideia de perfeição, e os ladrões aparecem no mundo.

Ora, o mundo inteiro não é bastante recompensa para os "bons", nem bastante castigo para os "maus". Desde agora o mundo inteiro não é bastante grande para a recompensa ou o castigo. Desde o tempo das Três Dinastias os homens correm em todas as direções. Como podem achar tempo para serem humanos?

Você treina seu olho e a sua visão se embriaga com a cor. Treina o ouvido, e você anseia por um som agradável. Extasia-se em fazer o bem, e a sua bondade natural se desfaz. Deleita-se no que é correto, e torna-se correto, ultrapassando qualquer expectativa. Por explorar demais a liturgia, converte-se em péssimo ator. Explora demais o seu amor pela música e torna-se azedo. O amor da sabedoria gera planos habilidosos. O amor do conhecimento gera críticas ao próximo. Se os homens ficassem como são, não haveria qualquer diferença entre apegar-se e abandonar estas oito alegrias. Mas se não mantiverem o equilíbrio certo, as oito alegrias aumentam como tumores malignos. O mundo transforma-se no caos. Desde que os homens passaram a honrar estas alegrias, e por elas anseiam, o mundo ficou completamente cego.

Quando cessa o prazer, eles ainda assim não o abandonam; envolvem sua memória com ritos de adoração, ajoelham-se para comentá-los, tocar música, cantar, jejuar e disciplinar-se em homenagem a estes prazeres. Depois que estes prazeres se transformam numa religião, como poderemos controlá-los?

O sábio, por conseguinte, quando tem de governar, sabe a maneira de como não fazer nada. Ao deixar tudo como está, ele permanece em sua natureza original. Aquele que governar respeitará o governado, tanto quanto ele se respeita a si próprio. Se ele ama a sua própria pessoa suficientemente para deixá-la permanecer em sua verdade original, governará os outros sem feri-los. Que contenha os fortes impulsos que sente nas profundezas de seu ser, e o impelem à ação. Permaneça tranquilo, sem olhar, sem escutar. Fique sentado como um cadáver, com a força de um dragão viva em torno de si. Em perfeito silêncio, sua voz será como o trovão. Seus movimentos serão invisíveis como os de um espírito, mas as forças celestes irão em seu auxílio. Despreocupado, sem nada fazer, verá tudo amadurecer à sua volta. Onde encontrará tempo para governar?

(xi, 1-2)

O homem soberano

Meu Mestre disse:
Tudo que age em tudo, e em nada se imiscui – é o céu...

O Homem Soberano reconhece isto, esconde-o
   no coração,
Torna-se ilimitado, de mente larga, tudo atrai a si.
E assim, deixa o ouro permanecer oculto na montanha,
Deixa a pérola repousar nas profundezas.

Bens e posses não são vantagens a seus olhos,
Ele está acima da riqueza e da honraria.
A vida longa não é alvo para a alegria,
nem morte prematura à tristeza.
O sucesso não é para ele orgulho, o erro não é vergonha.
Tivesse ele todo o poder no mundo, não o
   consideraria seu,
Conquistasse tudo, não o levaria consigo.
Sua glória está em saber que tudo está resumido no Uno
E que a vida e a morte são idênticas.

(xii, 2)

Quão profundo é o Tao!

Meu Mestre falou: Tao, quão profundo e sereno é o seu esconderijo! Quão puro, Tao! Sem a sua serenidade o metal não soaria, a pedra não partiria quando se lhe batesse. O poder do som está no metal, e o Tao está em tudo. Quando batem, soam com o Tao, e silenciam de novo. Quem está lá, agora, para dizer a todas as coisas os seus lugares? O rei da vida caminha livremente, inativo, desconhecido. Ficaria envergonhado se tivesse de se ocupar de negócios. Mantém raízes profundas nas suas origens, na fonte mesma. Seu conhecimento envolve-se no Espírito e torna-se grande, magnânimo, abre um grande coração, um refúgio para o mundo. Com simplicidade, ele surge na majestade. Sem planos, segue o caminho, e todas as coisas o seguem. Este é o homem soberano, que domina a vida.

Este vê nas trevas, escuta quando não há ruído. Só ele vê a luz nas profundezas das trevas. No vácuo, só ele percebe a música. Pode caminhar até a região mais inferior, e encontrá-la povoada. Pode permanecer na mais alta das elevações e perceber o significado. Está em contato com todos os seres. O que não existe vai ter com ele. O que se move, ali é que ele está. O que é grande é pequeno para ele, o longo é curto, todas as distâncias lhe são próximas.

(xii, 3)

A pérola perdida

O Imperador Amarelo, vagueando,
Foi ao norte da Água Vermelha
À montanha de Kwan Lun. Olhou à volta,
Debruçou-se sobre o mundo. Na volta
Perdeu sua pérola cor-da-noite.
Mandou a Ciência procurar a pérola, mas em vão.
Mandou a Análise procurá-la, em vão.
Mandou a Lógica, em vão.
Depois interrogou o Nada, e o Nada a possuía!

Disse o Imperador Amarelo:
"Estranho, deveras: o Nada
Que não foi enviado,
Que não se esforçou por achá-la,
É que possuía a pérola cor-da-noite!"

(xii, 4)

No meu fim está o meu começo

No princípio de tudo era o Vácuo dos Vácuos,
O Inominável.
E no Inominável era o Uno, sem corpo, sem forma.
Este Uno – este Ser em quem todos acham a força
Para existir,
É o Vivente.
Do Vivente vem o Sem-Forma, o Indiviso.
Do ato do Sem-Forma, vêm os Existentes,
cada qual Segundo seu princípio interior. Isto é a Forma.
Aqui o corpo abraça e acaricia o espírito.
Os dois atuam juntos como um, unindo
E manifestando seus caracteres.
E isto é a Natureza.
Mas aquele que obedece à Natureza
Retorna através da Forma e do Sem-Forma ao Vivente.
E no Vivente
Une o começo que-não-começou.
A união é a Igualdade. A Igualdade é o Vácuo.
O Vácuo é infinito.

O pássaro abre o bico e canta seu trinado
E depois o bico retorna novamente ao Silêncio.
Assim, a Natureza e o Vivente encontram-se no Vácuo,
Como o fechar do bico do pássaro
Após o canto.
O céu e a terra unem-se no Não Iniciado,
E tudo é tolice, tudo é desconhecido, tudo é igual

Às luzes de um idiota, tudo é sem mente!
Obedecer quer dizer fechar o bico e cair
No que-náo-começou.

(xiii, 8)

Quando a vida era plena, não existia a história

Na época em que a vida na terra era plena, ninguém dava nenhuma atenção aos homens dignos, nem selecionava os homens capazes. Os soberanos eram apenas os galhos mais altos das árvores, e o povo era como cervos na floresta. Eram honestos e corretos, sem imaginar que "estavam cumprindo com o seu dever". Amavam-se mutuamente, e não sabiam que isto se chamava "amor ao próximo". Não enganavam a ninguém e, no entanto, não sabiam ser "homens de confiança". Podia-se contar com eles, e ignoravam que isto fosse a "boa-fé". Viviam juntos livremente, dando e recebendo, e não sabiam que eram homens de bom coração. Por este motivo, seus feitos não foram narrados. Não se constituíram em história.

(xii, 13)

Quando um homem pavoroso...

Quando um homem pavoroso torna-se pai
E lhe nasce um filho
No meio da noite,
Ele treme e acende uma lâmpada
Corre a olhar angustiadamente
No rosto da criança
Para ver com quem ela se parece.

(xii, 14)

Os cinco inimigos

Com a madeira de uma árvore secular
Fazem-se embarcações sacrificais,
Cobertas de desenhos verdes e amarelos.
A madeira que foi cortada
Jaz estéril na fossa.
Se compararmos as embarcações sacrificais
Com a madeira na fossa
Achamo-las diferentes na aparência:
Uma é mais bela do que a outra
Ainda assim são iguais nisto: ambas
Perderam sua natureza original.
Se comparar o ladrão ao respeitável cidadão
Você achará que um é, realmente, mais respeitável

Do que o outro:
Ainda assim assemelham-se nisto: ambos perderam
A simplicidade original do homem.

Como perderam? Aqui estão as cinco maneiras:
O amor das cores confunde o olho,
E ele falha em ver claramente.
O amor das harmonias enfeitiça o ouvido,
E ele perde a verdadeira audição.

O amor dos perfumes
Enche a cabeça com inebriações
O amor dos temperos
Arruína o paladar.

Os desejos desgovernam o coração
Até a natureza original enlouquecer.

Estes são os inimigos da vida autêntica.
Ainda assim são aquilo que "homens de discernimento"
Anseiam viver.
Não são a razão de eu viver:
Se isto é a vida, então os pombos na gaiola
Encontraram a felicidade!

(xii, 15)

Ação e não ação

A não ação do sábio não é a inação.
Não é estudada. Coisa alguma a abala.
O sábio é quieto porque não se altera
Não porque ele *queira ser* quieto.
A água parada é como o espelho.
Você pode olhar nela e ver os pelos em seu queixo.
Sua superfície é perfeitamente plana.
Um carpinteiro podia usá-lo
Se a água é tão clara, e sua superfície plana
Quanto mais o espírito do homem?
O coração do sábio está tranquilo.
É o espelho do céu e da terra.
O espelho de tudo.
É vazio, é quieto, é tranquilo, é sem-sabor
O silêncio, a não ação: esta é a medida do céu e da terra.
Este é o perfeito Tao. Os sábios encontram aqui
Seu lugar de repouso.
Repousando, estão vazios.

Do vazio vem o não condicionado.
Daí, o condicionado, as coisas individuais.
Assim, do vazio do sábio surge a quietude:
Da quietude, a ação. Da ação, a realização.
Da sua quietude vem sua não ação, que é também ação
E é, portanto, sua realização.
Pois a quietude é alegria. A alegria é isenta de
  preocupações,
Fértil por muitos anos.

A alegria faz tudo despreocupadamente:
Porque o vazio, o quieto, o tranquilo,
O silêncio e a não ação
Eis a raiz de todas as coisas.

(xiii, 1)

O Duque de Hwan e o fabricante de rodas

O mundo valoriza os livros, e acha que, assim fazendo, está valorizando o Tao. Mas os livros apenas contêm palavras. Apesar disso, algo mais existe que valoriza os livros. Não apenas as palavras, nem o pensamento das palavras, mas sim algo dentro do pensamento, balançando-o numa certa direção que as palavras não podem apreender. Mas são as próprias palavras que o mundo valoriza quando as transmite aos livros: e, embora o mundo as valorize, estas palavras são inúteis enquanto aquilo que lhes der valor não é honrado.

O que o homem apreende pela observação é apenas forma e cor externas, nome e som; e ele crê que isto o colocará de posse do Tao. A forma e a cor, o nome e o som não atingem a realidade. Daí a explicação de que: "Aquele que sabe não diz, aquele que diz não sabe"[4]. Como irá o mundo, então, conhecer o Tao por meio de palavras?

O Duque Hwan, de Khi,

O primeiro da dinastia,

Sentou-se sob o pálio

Lendo filosofia;

E Phien, o carpinteiro de rodas,

Estava fora, no pátio,

Fabricando uma roda.

Phien pôs de lado

O martelo e a entalhadeira,

Subiu os degraus,

Disse ao Duque Hwan:

"Permiti-me perguntar-vos, Senhor,

O que estais lendo?"

---

4. *Tao Te Ching*, cap. 56.

Disse-lhe o Duque:

"Os peritos. As autoridades".

E Phien perguntou-lhe:

"Vivos ou mortos?"

"Mortos há muito tempo".

"Então", disse o fabricante de rodas,

"Estais lendo apenas

O pó que deixaram atrás".

Respondeu o Duque:

"O que sabes a seu respeito?

És apenas um fabricante de rodas.

Seria melhor que me desses uma boa explicação,

Senão morrerás".

Disse o fabricante:

"Vamos olhar o assunto

Do meu ponto de vista.

Quando fabrico rodas,

Se vou com calma, elas caem,

Se vou com muita violência, elas não se ajustam.

Se não vou nem com muita calma, nem com
    muita violência

Elas se adaptam bem. O trabalho é aquilo

Que eu quero que ele seja.

Isto não podeis transpor em palavras:

Tendes apenas de saber como se faz.

Nem mesmo posso dizer a meu filho exatamente
    como é feito,

E o meu filho não pode aprender de mim.

Então, aqui estou, com setenta anos,

Fabricando rodas, ainda!

Os homens antigos
Levaram tudo o que sabiam
Para o túmulo.
E assim, Senhor, o que ledes
É apenas o pó que deixaram atrás de si".

(xiii, 10)

Os dilúvios de outono

As enchentes de outono vieram. Milhares de torrentes bravias desaguaram furiosamente no Rio Amarelo. O leito do rio se encheu e inundou as margens a ponto de, olhando-o, não ser possível distinguir, do outro lado, um boi de um carvalho. Então, o Deus Fluvial sorriu, maravilhado, ao ver que toda a beleza do mundo caíra sob sua proteção. Navegou rio abaixo, até que foi para o Oceano. Ali, olhou sobre as ondas, para o vazio horizonte no leste, e a sua face desfez-se. Olhando para o longínquo horizonte, recobrou os sentidos e murmurou ao Deus do Oceano: "Bem, o provérbio está certo. Aquele que possui cem ideias acha que sabe mais que ninguém. Tal pessoa sou eu. Somente agora compreendo o que significa a *expansão*!"

O Deus do Oceano replicou:

"Pode você falar do mar
A um sapo dentro do poço?
Pode falar sobre o gelo
Aos louva-a-Deus?
Pode falar sobre a Vida
A um doutor em filosofia?

De todas as águas do mundo
O Oceano é a maior.
Todos os rios nele deságuam
Noite e dia;

Nunca está cheio.
Devolve as águas
Noite e dia.
Nunca se esvazia.
Nas secas

Não baixa
Nas cheias
Não se eleva.
Maior que todas as outras águas!
Não é possível dizer
O quanto é maior!
Mas orgulho-me dele?
O que sou sob o céu?
O que sou sem Yang e Yin?
Comparado com o céu
Sou uma pequena rocha,
Um carvalho retorcido
Na montanha:
Devo agir porventura
Como se fosse algo?"

De todos os seres existentes (e os há aos milhões), o homem é apenas um. Dentre os milhões de homens que vivem na terra, o povo civilizado que vive da agricultura é apenas uma pequena proporção. Menor ainda é a quantidade dos que, homens de escritório, ou de fortuna, viajam de carruagem ou de barco. E, destes todos, um homem na carruagem nada mais é do que a ponta do fio de cabelo no flanco de um cavalo. Por que, então, toda esta agitação acerca de grandes homens e de grandes empregos? Por que todas as discussões dos eruditos? Por que todas as controvérsias dos políticos?

Não há limites fixos,
O tempo não permanece imóvel.
Nada dura,
Nada é final.
Você não pode segurar
O fim ou o princípio.

O sábio vê o próximo e o distante
Como se fossem idênticos,
Ele não despreza o pequeno
Nem valoriza o grande:
Onde todos os padrões diferem,
Como poderá você comparar?
Com um olhar
Ele se apodera do passado e do presente,
Sem tristeza pelo passado
Nem impaciência pelo presente.
Tudo está em movimento
Tem experiência
Da plenitude e do vazio.
Não se rejubila no sucesso
Nem lamenta o insucesso.
O jogo nunca está terminado.
O nascimento e a morte são iguais.
Os termos nunca são finais.

(xvii, 1)

Grande e pequeno

Quando olhamos as coisas à luz do Tao,
Nada é melhor, nada é pior.
Cada coisa, vista à sua própria luz,
Manifesta-se a seu próprio modo.
Pode parecer "melhor"
Do que é comparável a ele
Em seus próprios termos.
Mas, em termos do todo,
Nada torna-se "melhor".
Se você medir as diferenças,
O que é maior do que outra coisa é "grande",
Portanto, nada há que não seja "grande";
O que é menor do que algo é "pequeno",
Portanto, nada há que não seja "pequeno".
Assim, todo o cosmo é um grão de arroz,
E a ponta do fio de cabelo
É tão grande quanto a montanha –
Esta é a vida relativa.

Você pode romper muralhas com barras metálicas,
Mas não pode, com elas, tapar os buracos.
Todas as coisas têm diferentes utilidades.
Cavalos de raça podem viajar cem milhas por dia,
Mas não podem caçar ratos
Como os cachorros ou as doninhas:
Todas as criaturas possuem dons próprios.
A coruja de cornos brancos pode pegar pulgas à
    meia-noite
E distinguir a ponta de um fio de cabelo,

Mas, dia claro, ela fica imóvel, inútil,
E nem mesmo pode ver uma montanha.
Todas as coisas possuem diferentes capacidades.

Consequentemente: aquele que quiser possuir o certo
Sem o errado,
A ordem sem a desordem,
Não percebe os princípios
Do céu e da terra.
Não percebe como as coisas se unem.
Pode um homem apegar-se apenas ao céu
E nada saber da terra?
São correlatos: conhecer um
É conhecer outro.
Recusar um
É recusar a ambos.
Pode um homem apegar-se ao positivo
Sem nenhuma negativa
Em contraste com o que
É positivo?
Se ele afirma isso,
É um vagabundo ou um louco.
Os tronos passam
De dinastia a dinastia,
Ora de um modo, ora de outro.
Aquele que força o seu caminho ao poder
Contra a maré
Chama-se tirano e usurpador.
Aquele que se move com a corrente dos acontecimentos
Chama-se um sábio estadista.

Kui, o dragão-perneta,
Inveja a centopeia.
A centopeia inveja a serpente.
A serpente inveja o vento.
O vento inveja o olho.
O olho inveja a mente.
Disse Kui à centopeia:
"Movimento a minha perna com dificuldade.
Como pode você movimentar cem?"
Respondeu a centopeia:
"Não sou em quem movimenta
Elas se espalham por toda a parte
Como gotas de saliva".
Disse a centopeia à serpente:
"Com todos os meus pés, não posso mover-me
    tão rápido
Como você faz, sem pés.
Como é que consegue isto?
Respondeu a serpente:
"Tenho uma maneira natural de deslizar
Que não pode ser modificada. Para que necessito dos pés?"
A serpente falou ao vento:
"Eriço a minha espinha e me locomovo
Numa maneira corporal. Você, sem ossos,
Sem músculos, sem método,
Sopra desde o Mar do Norte ao Oceano Meridional.
Como chega até lá
Sem nada?
Respondeu o vento:
"Na verdade, levanto-me no Mar do Norte

E conduzo-me sem obstáculos ao Oceano Meridional.

Mas cada olho que me observa,

Cada asa que me utiliza,

É superior a mim, mesmo

Se desenraízo as maiores árvores, ou se derrubo
grandes edifícios.

O verdadeiro conquistador é o que não se deixa
conquistar

Pela multidão dos pequenos.

A mente é este conquistador –

Mas só a mente

Do sábio".

(xvii, 4-5-8)

O homem do Tao

O homem no qual o Tao
Age sem obstáculos
Não sacrifica nenhum outro ser
Por suas ações.
Apesar disso não sabe
Se é "cordato", se é "bondoso".

O homem no qual o Tao
Age sem obstáculos
Não se preocupa com seus próprios interesses
E não despreza
Os que com eles se preocupam.
Não luta para ganhar dinheiro
E não faz da pobreza uma virtude.
Segue seu caminho
Sem se apoiar nos outros
E não se orgulha
Em caminhar só.
Enquanto não está seguindo a turba
Não se queixa daqueles que a seguem.
Postos e recompensas
Não o atraem;
A desgraça e a vergonha
Não são impedimentos.
Nem sempre está olhando
Para o certo ou o errado
Sempre decidindo o que é "Sim", ou "Não".
Diziam, portanto, os antigos:

"O homem do Tao
Fica desconhecido.
A perfeita virtude
Nada produz.
O 'Não Eu' é
O 'Verdadeiro-Eu'.
E o maior homem de todos
É o Ninguém".

(xvii, 3)

A tartaruga

Chuang Tzu com seu caniço de bambu
Pescava no Rio Pu.

O Príncipe de Chu
Enviou dois vice-chanceleres
Com um documento oficial:
"Por este documento nomeamo-lo
Primeiro-Ministro".

Chuang Tzu segurou o caniço de bambu.
Fixando ainda os olhos no Rio Pu falou:
"Disseram-me que há uma tartaruga sagrada,
Oferecida e canonizada
Há 3.000 anos passados,
Venerada pelo príncipe,
Embrulhada em seda,
Num precioso relicário
Sobre um altar
No Templo.

"O que achais:
É melhor abandonar a vida
E deixar uma concha sagrada
Como objeto de culto
Numa nuvem de incenso
Três mil anos,
Ou viver
Como simples tartaruga
Arrastando o rabo na lama?"

"Para a tartaruga", disse-lhe o
Vice-Chanceler,
"É melhor viver
E arrastar a cauda na lama!"

"Retire-se!", disse-lhe ChuangTzu.
"Deixe-me aqui
A arrastar a minha cauda na lama!"

(xvii, 11)

A coruja e a fênix

Hui Tzu era Primeiro-Ministro de Liang. Acreditava possuir a informação secreta de que Chuang Tzu ambicionava seu posto e fazia intrigas para suplantá-lo na carreira. De fato, quando Chuang Tzu veio visitar Liang, o Primeiro-Ministro mandou que a polícia o prendesse. Esta procurou-o durante três dias e três noites, mas, enquanto isso, Chuang Tzu apresentou-se diante de Hui Tzu, por sua própria iniciativa, e falou-lhe:

"Conheceis a história do pássaro
Que mora no sul,
A Fênix que jamais envelhece?

"Esta Fênix imortal
Ergue-se do Mar Meridional
E voa ao Mar do Norte,
Jamais pousando
A não ser em certas árvores sagradas.
Não tocará nenhuma comida
A não ser a mais requintada
Fruta rara,
E beberá apenas
Das fontes celestes.

"Uma vez uma coruja,
Mastigando um rato morto,
Já meio decomposto,
Viu a Fênix voando,
Olhou para cima,
E pipilou com um ruído,
Apertando contra si o rato,
Temerosa e atônita."

"Por que estais tão nervoso
Apegando-se tanto a vosso ministério,
E pipilando para mim
Assim consternado?"

(xvii, 12)

A alegria dos peixes

Chuang Tzu e Hui Tzu
Atravessavam o Rio Hao
Pelo açude

Disse Chuang:
"Veja como os peixes
Pulam e correm tão livremente:
Isto é a sua felicidade".

Respondeu Hui:
"Desde que você não é um peixe
Como sabe
O que torna os peixes felizes?"

Chuang respondeu:
"Desde que você não é eu,
Como é possível que saiba
Que eu não sei
O que torna os peixes felizes?"

Hui argumentou:
"Se eu, não sendo você,
Não posso saber o que você sabe
Daí se conclui que você,
Não sendo peixe,
Não pode saber o que eles sabem".

Disse Chuang:
"Um momento:

Vamos retornar
À pergunta primitiva.
O que você me perguntou foi
'Como você sabe
O que torna os peixes felizes?'
Dos termos da pergunta
Você sabe evidentemente que eu sei
O que torna os peixes felizes."

"Conheço as alegrias dos peixes
No rio
Através de minha própria alegria, à medida
Que vou caminhando à beira do mesmo rio."

(xvii, 13)

A perfeita alegria

Existe na terra a plenitude da alegria, ou não? Existe alguma maneira de se fazer com que a vida seja plenamente digna de se viver, ou é isto impossível? Se existe essa maneira, como encontrá-la? O que devemos tentar fazer? O que procurar evitar? Qual será o alvo onde a sua atividade deverá repousar? O que deverá você aceitar? O que deverá recusar? O que deverá amar? O que deverá odiar?

O que o mundo valoriza é o dinheiro, a fama, a vida longa, o sucesso. O que, para ele, representa a alegria é a saúde e o conforto do corpo, a boa comida, boas roupas, belas coisas para se olharem, música agradável para se ouvir.

O que ele condena é a falta de dinheiro, um nível social baixo, reputação de não prestar para nada, e a morte prematura.

O que o mundo considera infelicidade é o desconforto e o trabalho físico, nenhuma oportunidade para obter sua quantidade de boa comida, não possuir roupas de boa qualidade para vestir, não arranjar meios nem de se divertir nem de alegrar a vista, música nenhuma agradável para escutar. Se as pessoas acharem que tudo isto lhes faz falta, caem em estado de pânico, ou caem no desespero. Ficam tão preocupadas com sua vida, que a angústia a torna insuportável, mesmo quando possuem tudo que elas pensam desejar. A própria preocupação com o prazer torna-as infelizes.

Os ricos tornam intolerável a vida, agitam-se incessantemente para obter fortuna cada vez maior, fortuna essa que, na verdade, não podem utilizar. Assim procedendo, alienam-se de si mesmos, chegando ao ponto da exaustão no seu próprio labor, como se fossem escravos dos outros.

Os ambiciosos correm noite e dia em busca de glórias, constantemente angustiados com o sucesso de seus planos, odiando os erros, que podem destruir tudo. Assim, alienam-se de si mesmos, exaurindo sua vida real a serviço da sombra criada por sua insaciável esperança.

O nascimento de um homem é o nascimento de sua tristeza.

Quanto mais for vivendo, tanto mais estúpido se torna, pois sua angústia para evitar a morte inevitável torna-se cada vez mais intensa. Que amargura! Ele vive pelo que está sempre fora de seu alcance! A sua sede de sobreviver no futuro torna-o incapaz de viver o presente.

Onde estão as autoridades e os eruditos que se autossacrificam? São elogiados pelo mundo porque são bons, corretos, dignos de se sacrificarem.

Apesar disso, seu bom caráter não os preserva da infelicidade, nem mesmo da ruína, da desgraça, nem da morte.

Gostaria de saber se, neste caso, a sua "bondade" é, realmente, tão boa, apesar de tudo! Não será, talvez, uma fonte de infelicidade?

Vamos supor que você diga que eles sejam felizes. Mas é feliz ter um caráter e uma carreira que irão, necessariamente, conduzir à própria ruína? Por outro lado, pode você chamá-los de "infelizes" se, ao se sacrificarem, salvam as vidas e as fortunas dos outros?

Tomemos o caso do ministro que, conscienciosa e corretamente, se opõe a uma injusta decisão de seu rei! Alguns dirão: "Diga a verdade, e se o Rei não o quiser escutar, deixe-o então fazer o que achar melhor. Você não terá nenhuma obrigação ulterior".

Por outro lado, Tzu Shu continuou a se opor à política injusta do seu soberano. Foi, portanto, destruído. Porém, se ele não houvesse mantido o que acreditava ser de direito, seu nome não seria um nome honrado.

E aí surge a pergunta: será "bom" o princípio que escolheu, se, ao mesmo tempo, era um princípio fatal para ele?

Não posso afirmar se o que o mundo considera "felicidade" é ou não a felicidade. Tudo o que sei é que, quando medito nos meios de que eles se servem para obtê-la, vejo-os estonteados, tristes e obcecados, naquela precipitação geral de um rebanho humano, incapazes de se refrearem ou de mudarem de rumo. Durante todo este movimento eles afirmam estarem justo no ponto de atingirem a felicidade.

Na minha opinião, não posso aceitar suas teorias, quer digam respeito à felicidade ou à infelicidade. Chegou a me perguntar se o seu conceito de felicidade possui qualquer significado.

O que quero dizer é que você nunca encontra a felicidade, a não ser quando cessa de procurá-la. A minha felicidade maior consiste, exatamente, em não fazer nada, absolutamente, que seja calculado para obter a felicidade: e isto, na mente da maior parte das pessoas, é o pior princípio que possa haver.

Vou me fixar no seguinte aforismo: "A perfeita alegria consiste em não se estar alegre. O perfeito elogio consiste em não se ter nenhum elogio".

Se você me perguntar "o que deve ser feito", e "o que não deve ser feito" na terra, para produzir a felicidade, responderei que estas perguntas não possuem respostas. Não há maneira nenhuma de determinar tais coisas.

Ao mesmo tempo, porém, se eu parar de lutar pela felicidade, o "certo" e o "errado" tornam-se imediatamente evidentes por si mesmos.

O contentamento e o bem-estar imediatamente se tornam acessíveis, desde que você cesse de agir tendo-os em vista e, ao praticar o não agir (*wu wei*), você obterá tanto a felicidade como o bem-estar.

Eis como resumo isto:

O céu nada faz: seu não agir é sua serenidade.

A terra nada faz: seu não agir é seu repouso.

Da união destes dois não agires

Procedem todas as ações,

Todas as coisas são feitas.

Como este devir
É vasto e invisível!
Tudo provém de nenhum lugar!
Como é vasto, invisível

Nenhum meio de explicá-lo!
Todos os seres em sua perfeição
Nascem do não agir.
Daí se dizer:
"O céu e a terra nada fazem
Nada há, porém, que não façam".

Onde estará o homem
Capaz de alcançar este não agir?

(xviii, 1)

Sinfonia a um pássaro marítimo

Não é possível colocar uma grande carga numa
   pequena mala,
Nem é possível, com uma corda curta,
Tirar água de um profundo poço.
Não é possível falar a um hábil político
Como se ele fosse um sábio.
E se ele o procurar entender,
Se olhar para dentro de si,
A fim de encontrar a verdade
Que lhe foi transmitida,
Ele não a encontrará ali.
Não a encontrando, ele tem dúvidas.
Quando um homem tem dúvidas,
Ele mata.

Você não ouviu falar como um pássaro do mar
Foi levado pelo vento até à praia e pousou
Fora da capital de Lu?

O Príncipe ordenou uma recepção solene,
Ofereceu vinho ao pássaro marítimo no recinto sagrado,
Chamou os músicos
Para tocarem composições de Shun,
Matou gado para alimentá-lo:
Atordoado com sinfonias, o infeliz pássaro marítimo
Morreu desesperado.

Como trataria você a um pássaro?
Como a si próprio

Ou como a um pássaro?
Não deve um pássaro construir o ninho
Na floresta profunda
Ou voar sobre o prado e o pântano?
Não deve nadar no rio e no lago,
Alimentar-se de enguias e de peixes,
Voar em conjunto com outras aves aquáticas,
E repousar nas plantações?

Bem terrível para um pássaro marítimo
É estar cercado de homens
E amedrontar-se com suas vozes!
Mas isto não bastou!
Eles mataram-no com música!

Toque quantas sinfonias quiser
Nos pântanos de Thung-Ting.
Os pássaros fugirão
Em todas as direções;
Os animais esconder-se-ão;
Os peixes mergulharão até o fundo do mar;
Mas os homens
Juntar-se-ão e escutarão.
A água é para os peixes
E o ar é para os homens.
A natureza difere e, com ela, o necessário.

Por isso, os sábios antigos
Não colocavam
Uma medida para todos.

(xviii, 5)

O todo

"Como pode caminhar o verdadeiro homem do Tao,
Atravessar paredes sem ser obstruído,
Ficar de pé no fogo sem se queimar?"

Não é por causa da perspicácia
Nem pela ousadia;
Não é porque estudou,
Mas porque não estudou.

Tudo que for limitado pela forma, aspecto, som, cor,
Chama-se *objeto*.
Entre todos eles, só o homem
É mais do que um objeto.
Embora, como os objetos, possua ele forma e aspecto,
Não se limita pela forma. Ele é mais.
Não pode atingir a não forma.

Quando está ele além da forma e aspecto,
Além "deste", ou "daquele",
Onde a comparação
Com outro objeto?
Onde o conflito?
O que pode servir de obstáculo?

Ele ficará em seu lugar eterno
Que é o não lugar.
Esconder-se-á
Em seu próprio segredo incomensurável.
Sua natureza penetra até à raiz

No Uno.
Sua vitalidade, seu poder
Escondem-se no Tao secreto.

Quando tudo é um,
Não há nele falhas
Onde penetre um calço.
Assim, um bêbado, caindo
De uma carroça,
Machuca-se, mas não é destruído.
Seus ossos são como os de outros homens,
Mas sua queda é diferente.
Seu espírito é inteiro. Ele não percebe
Que entrou ou que caiu
De uma carroça.

A vida e a morte nada são para ele.
Não conhece sustos, enfrenta obstáculos
Sem pensar, sem preocupar-se,
Enfrenta-os sem saber que eles lá estão.

Se existe tal segurança no vinho,
Quanto mais no Tao.
O sábio está escondido no Tao.
Nada pode tocá-lo.

(xix, 2)

A necessidade da vitória

Quando um arqueiro atira sem alvo nem mira
Está com toda a sua habilidade.
Se atira para ganhar uma fivela de metal
Já fica nervoso.
Se atira por um prêmio em ouro
Fica cego
Ou vê dois alvos –
Está louco!

Sua habilidade não mudou. Mas o prêmio
Cria nele divisões.
Preocupa-se.
Pensa mais em ganhar
Do que em atirar –
E a necessidade de vencer
Esgota-lhe a força.

(xix, 4)

Os porcos do sacrifício

O Grande Áugure, que sacrificava os porcos e lia os oráculos no sacrifício, apareceu em suas longas vestes negras, no cercado de porcos, e assim falou aos porcos: "Eis meu conselho a vocês: Não se queixem de ter de morrer. Ponham de lado suas críticas. Pensem no fato de que eu não os alimentarei com a melhor ração durante três meses. Eu próprio terei de observar uma disciplina rígida por dez dias e terei de jejuar durante três. Depois, estenderei tapetes verdes e oferecereis seus quartos e presuntos em travessas finamente trabalhadas, numa cerimônia muito importante. O que mais vocês desejam?"

Depois, pensando um pouco, observou a questão do ponto de vista dos porcos: "É claro, suponho que vocês prefeririam alimentar-se com ração bem barata, e ser deixados em paz em seu cercado".

Em seguida, vendo a questão do seu próprio ponto de vista, respondeu: "Não há, evidentemente, uma maneira de viver mais nobre! Viver honrosamente, receber o melhor tratamento, andar numa carruagem com belas roupas, mesmo se, a qualquer momento, você possa ser arrasado ou executado, este é o destino nobre, embora incerto, que escolhi para mim mesmo".

Então, decidiu contra o ponto de vista dos porcos, e adotou o seu próprio, tanto para si como também para os porcos.

Como são felizes aqueles porcos cuja existência, desse modo, se enobreceu por aquele que era, ao mesmo tempo, autoridade estatal e pastor da religião.

(xix, 6)

O galo de briga

Chi Hsing Tzu era treinador de galos de briga
Para o Rei Hsuan.
Estava treinando uma bela ave.
Sempre perguntava o Rei se a ave
Estava pronta para a briga.
"Ainda não", dizia o treinador.
"Ele é fogoso.
É pronto para atiçar briga
Com qualquer ave. É vaidoso e confiante
Na sua própria força".
Depois de dez dias, respondeu novamente:
"Ainda não.
Eriça-se todo
Quando ouve outra ave grasnar".
Depois de mais dez dias:
"Ainda não.
Ainda está
Com aquele ar irado
E eriça as penas".
Depois de dez dias
Disse o treinador: "Agora ele está quase pronto.
Quando outra ave grasna, seu olho
Nem mesmo pisca.
Fica imóvel
Como um galo de madeira.
É um brigador amadurecido.
Outras aves olharão para ele de relance
E fugirão".

(xix, 8)

O entalhador de madeira

Khing, o mestre entalhador, fez uma armação para sinos,
De madeira preciosa. Quando terminou,
Todos que aquilo viram ficaram surpresos.
Disseram
Que devia ser obra dos espíritos.
O Príncipe de Lu disse ao mestre entalhador:
"Qual é o seu segredo?"

Khing respondeu: "Sou apenas operário:
Não tenho segredos. Há só isso:
Quando comecei a pensar no trabalho que me
   ordenaste
Protegi meu espírito, não o desperdicei
Em ninharias, que não vinham ao caso.

Jejuei, a fim de pôr
Meu coração em repouso.
Depois de jejuar três dias,
Esqueci-me do lucro e do sucesso.
Depois de cinco dias
Esqueci-me do louvor e das críticas.
Depois de sete dias
Esqueci-me do meu corpo
Com todos os seus membros.

"Nesta época, todo pensamento de Vossa Alteza
E da corte se evanescera.
Tudo aquilo que me distraía do trabalho
Desaparecera.

Eu me recolhera ao único pensamento
Da armação do sino.

"Depois, fui à floresta
Ver as árvores em sua própria condição natural.
Quando a árvore certa apareceu a meus olhos,
A armação do sino também apareceu, nitidamente,
Sem qualquer dúvida.
Tudo o que tinha a fazer era esticar a mão
E começar.
Se eu não houvesse encontrado esta determinada árvore
Não haveria
Qualquer armação para o sino.

"O que aconteceu?
Meu próprio pensamento unificado
Encontrou o potencial escondido na madeira;
Deste encontro ao vivo surgiu a obra
Que você atribui aos espíritos."

(xix, 10)

Quando o sapato se adapta

Ch'ui o projetista
Sabia desenhar círculos mais perfeitos a mão livre
Do que a compasso.

Seus dedos traziam
Formas espontâneas do nada. Enquanto isso, a mente
Mantinha-se livre e despreocupada,
Com o que estava fazendo.

Nenhuma aplicação era necessária.
Sua mente era inteiramente simples
E não conhecia obstáculos.

Assim, quando o sapato se adapta,
Esquece-se o pé,
Quando o cinto se adapta,
O ventre é esquecido,
Quando o coração está bom
O "pró" e o "contra" são esquecidos.

Nada de anseios, nada de compulsões,
Nada de necessidades, nada de atrações:
Então seus assuntos
Estão sob controle.
Você é um ser livre.

O calmo é certo. Comece certo
E você estará calmo.
Continue calmo e você estará certo.

A maneira correta de ir com calma
É esquecer-se da maneira correta
E esquecer-se de que a ida é fácil.

(xix, 12)

O barco vazio

Aquele que governa os homens vive no caos;
O que é governado pelos homens vive na tristeza.
Yao, portanto, não desejou
Nem influenciar os outros
Nem ser por eles influenciado.
A maneira de se livrar do caos
E da tristeza
É viver com o Tao
Na terra do grande Vácuo.

Se um homem atravessar um rio
E um barco vazio colidir com sua própria embarcação,
Mesmo que seja um mal-humorado,
Não terá muita raiva.
Mas se vir um homem no outro barco,
Gritará que ele reme direito.

Se o outro não ouvir o grito, gritará de novo,
E mais, começando a xingar
Tudo porque há alguém no barco.
Se o barco estivesse vazio,
Não gritaria nem ficaria com raiva.
Se você conseguir esvaziar seu barco
Ao atravessar o rio do mundo,
Ninguém lhe porá obstáculos,
Ninguém procurará fazer-lhe mal.

(xx, 2)

A árvore reta é a primeira a ser cortada,
A fonte da água límpida é a primeira a ser secada.
Se deseja melhorar sua sabedoria
E envergonhar o ignorante,
Cultivar seu caráter
E suplantar os outros;
Uma luz brilhará à sua volta
Como se houvesse engolido o sol e a lua:
Você não evitará a catástrofe.

Um sábio já dizia:
"O que se contenta consigo
Fez uma obra inútil.
O sucesso é o começo do erro.
A fama é a origem da desgraça".

Quem poderá livrar-se do sucesso
E da fama, e descer, e perder-se
Entre a massa humana?
Esse fluirá como o Tao, invisível,
Caminhará como a própria Vida
Sem nome nem lar.
É simples e sem exigências.
Aparentemente, um tolo.
Seus passos não deixam marca. Não tem nenhum poder.
Nada consegue, não tem reputação.
Como não julga ninguém
Ninguém o julga.
Este é o homem perfeito:
Seu barco está vazio.

(xx, 2,4)

A fuga de Lin Hui

Lin Hui de Kia fugiu.
Perseguido pelos inimigos
Desfez-se do jade precioso,
Símbolo de seu cargo,
E levou seu filho caçula às costas.
Por que levou a criança
E deixou o jade,
Que valia uma pequena fortuna,
Enquanto seu filho, se vendido,
Render-lhe-ia uma ínfima quantia?

Disse Lin Hui:
"Meus laços com o símbolo do jade
E com meu cargo
Eram os laços do interesse egoístico.
Meus laços com a criança
Eram os do Tao.

Quando a união se mistura ao interesse egoístico,
A amizade se desfaz.
Ao surgir a calamidade.
Onde a união é no Tao
A amizade se aperfeiçoa
Na calamidade.

A amizade dos sábios
É sem sabor como a água.
A amizade dos tolos
É doce como o vinho.

Mas o sem-sabor do sábio
Proporciona a verdadeira afeição
E o sabor da companhia dos tolos
Termina em rancor".

(xx, 5)

Quando o conhecimento foi ao norte

O conhecimento vagueou ao norte
Procurando pelo Tao, acima do Mar das Trevas
E acima da Montanha Invisível.
Lá na montanha, encontrou
O Não agir, o Sem-Palavras.

Perguntou:
"Poderia informar-me, Senhor,
Por qual sistema de pensamento
E técnica de meditação
Poderei apreender o Tao?
Por qual renúncia
Ou retiro solitário
Posso repousar no Tao?
Onde devo começar,
Qual o caminho a seguir
Para alcançar o Tao?"

Estas foram as três perguntas.
O Não agir, o Sem-Palavras
Não respondeu.
Não apenas isto,
Nem mesmo sabia
Como responder!

O conhecimento foi ao sul,
Para o Mar Brilhante,
E subiu a Montanha Luminosa,
Chamada "Fim da Dúvida".

Lá encontrou
O Ato-Impulso, o Profeta Inspirado,
E fez as mesmas perguntas.

"Ah", respondeu o Inspirado,
"Tenho as respostas e as revelarei!"
Mas, exatamente quando as ia revelar,
Esqueceu-se de tudo que tinha em mente.
O conhecimento não obteve resposta.

Assim, o conhecimento foi afinal
Ao palácio do Imperador Ti,
E lhe fez as perguntas.

Ti respondeu-lhes:
"Exercitar o não pensamento
E seguir a não via da meditação
É a primeira maneira de se entender o Tao.
Habitar em nenhum lugar
E em nada repousar
É a primeira maneira para repousar no Tao.
Começar do nenhum lugar
E não seguir nenhuma estrada
É o primeiro passo para atingir o Tao".
O conhecimento respondeu: "Você sabe isto
E agora eu o sei. Mas os outros dois
Não o sabiam.
Que me diz disto?
Quem tem razão?"

Respondeu-lhe Ti:
Só o Não Agir, o Sem Palavras,
Estava com toda a razão. Ele não sabia.
O Ato-Impulso, o Profeta Inspirado,
Parecia estar com a razão
Porque se esquecera.
Quanto a nós,
Nem chegamos próximos a ter razão,
Porque estamos com as respostas.
"Pois aquele que sabe não diz,
Aquele que diz não sabe"[5].
E o "sábio instrui
Sem o uso da fala"[6].

Esta história foi repetida
Ao Ato-Impulso
Que concordou com a maneira
De Ti interpretá-la.

Não contaram
Que o Não Agir jamais ouviu a história
Ou fez qualquer comentário.

(xxii, 1)

---

5. Ibid., cap.2
6. Ibid., cap. 56

Da importância de ser desdentado

Nieh Ch'ueh, que não tinha dentes,
Veio a P'i e pediu-lhe uma aula sobre o Tao.
(Talvez pudesse mastigar isto!)[7].

Então começou P'i:
"Primeiro, obter o controle do corpo
E de todos os órgãos. Depois
Controlar a mente. Atingir
O ponto único. Depois
A harmonia celeste
Virá e habitará em você.
Você estará radiante com a Vida.
Você repousará no Tao.
Terá o olhar simples
De um bezerro recém-nascido,
Ah, feliz de você,
Nunca saberá a causa
De seu estado [...]"
Mas, antes que P'i houvesse chegado a este ponto em seu sermão, o desdentado adormecera. A sua mente não podia "mastigar" o cerne da doutrina. Mas P'i ficou satisfeito. Saiu cantando:

"Seu corpo é seco
Como o osso de uma perna velha,
Sua mente é morta

---

7. O autor faz aqui um trocadilho com o verbo "bite", morder, pois o herói da fábula não tinha dentes. Traduzi "bite" por "mastigar" [N.T.].

Como cinzas apagadas:
Seu conhecimento é sólido,
Sua sabedoria, verdadeira!
Na profunda escuridão da noite
Ele vagueia livremente,
Sem objetivos
E sem planos:
Quem é capaz de comparar-se
A este homem desdentado?"

(xxii, 3)

Onde está o Tao?

Mestre Tung Kwo perguntou a Chuang:
"Mostre-me onde pode o Tao ser encontrado".
Respondeu Chuang Tzu:
"Não há lugar onde ele não possa ser encontrado".
O primeiro insistiu:
"Mostre-me, pelo menos, algum lugar preciso
Onde o Tao possa ser encontrado".
"Está na formiga", disse Chuang.
"Está ele em algum dos seres inferiores?"
"Está na vegetação do pântano".
"Pode você prosseguir na escala das coisas?"
"Está no pedaço de taco".
"E onde mais?"
"Está neste escremento".
Com isso, Tung Kwo nada mais podia dizer.
Mas Chuang continuou: "Nenhuma
De suas perguntas é pertinente.
São como perguntas de fiscais no mercado,
Controlando o peso dos porcos,
Espetando-os nas suas partes mais tenras.
Por que procurar o Tao examinando
'Toda escala do ser',
Como se o que chamássemos 'mínimo'
Possuísse quantidade inferior do Tao?
O Tao é Grande em tudo,
Completo em tudo, Universal em tudo,
Integral em tudo. Estes três aspectos
São distintos, mas a Realidade é o Uno.

"Portanto, vem comigo
Ao palácio do Nenhures
Onde todas as muitas coisas são uma só:
Lá, finalmente, poderíamos falar
Do que não tem limites nem fim.
Vem comigo à terra do Não Agir:
O que diremos lá – que o Tao
É a simplicidade, a paz,
A indiferença, a pureza,
A harmonia e a tranquilidade?
Todos estes nomes
Deixam-me indiferente
Pois suas distinções desapareceram.
Lá minha vontade não tem alvo.
Se não está em parte nenhuma,
Como me aperceberei dela?
Se ela vai e volta, não sei
Onde repousa. Se vagueia,
Ora aqui, ora ali, não sei onde terminará.
A mente permanece instável no grande Vácuo.
Aqui, o saber mais elevado
É ilimitado. O que concede às coisas
Sua razão de ser, não pode limitar-se pelas coisas.
Assim, quando falamos em 'limites',
Ficamos presos às coisas delimitadas.
O limite do ilimitado chama-se 'plenitude'.
O ilimitado do limitado chama-se 'vazio'.
O Tao é a fonte de ambos. Mas não é, em si,
Nem a plenitude, nem o vazio.
O Tao produz tanto a renovação quanto o desgaste,

Mas não é nem a renovação, nem o desgaste.
Produz o ser e o não ser,
Mas não é nem um, nem outro.
O Tao congrega e destrói,
Mas não é nem a Totalidade, nem o Vácuo".

(xxii, 6)

A luz das estrelas e o não ser

A luz das Estrelas perguntou ao Não Ser:

"Mestre, vós existis, ou não?"

Como a luz das estrelas não obtivesse qualquer resposta, dispôs-se a vigiar o Não Ser. Esperou para ver se o Não Ser aparecia.

Manteve seu olhar fixo no profundo Vácuo, esperando para tentar ver uma sombra do Não Ser.

Olhou durante todo o dia, e nada viu. Ouvia, mas não escutava nada. Tentava pegar, mas nada pegava.

Então, a luz das estrelas exclamou, finalmente:

"É isto!"

"Este é o mais distante! Quem poderá alcançá-lo?

Posso compreender a ausência do Ser,

Mas quem pode compreender a ausência do Nada?

Se agora, acima de tudo isto, o Não Ser é,

Quem será capaz de compreendê-lo?"

(xxii, 8)

Keng Sang Chu

Mestre Keng Sang Chu, discípulo de Lao Tzu, tornou-se famoso por sua sabedoria, e o povo de Wei-Lei começou a venerá-lo como a um sábio. Ele evitava essas manifestações e recusava os presentes que lhe ofereciam. Mantinha-se escondido e não permitia que o visitassem. Seus discípulos zangavam-se com o procedimento do Mestre, pois desde os tempos de Yao e de Shun era tradição dos sábios aceitar a veneração e, desse modo, exercer uma boa influência. Respondeu Mestre Keng:

"Vinde, meus filhos, ouvi,
Se um animal suficientemente grande
Para engolir uma carroça
Descesse de sua floresta na montanha,
Não escaparia à armadilha do caçador.
Se um peixe suficientemente grande
Para engolir uma embarcação
Deixasse empurrar-se pela maré,
Até as formigas o destruirão.
Assim, os pássaros voam a grandes alturas,
Os animais permanecem
Em solidões inatingíveis,
A perder de vista, e os peixes,
Ou as tartarugas, vão até embaixo,
Até o mais inferior.
O homem que respeita um pouco a sua pessoa
Mantém escondida a sua carcaça,
Esconde-se o mais que possa.
Por que louvar reis como Yao ou Shun?
Sua moralidade produziu algum bem?
Fizeram uma cavidade na parede

E deixaram-na encher-se de vegetação.
Contaram os cabelos de sua cabeça
Antes de penteá-los.
Contaram cada grão de arroz
Antes de cozinhar o seu jantar.
Qual o bem que proporcionaram ao mundo
Com suas distinções escrupulosas?
Se os virtuosos são honrados,
O mundo encher-se-á de ladrões.
Não podeis tornar os homens bons ou honestos
Louvando a virtude e o saber.
Desde os dias do piedoso Tao e do virtuoso Shun
Todos tentaram enriquecer-se:
Um filho matará o pai para obter dinheiro,
Um ministro assassinará o soberano
Para satisfazer sua ambição.
Em pleno dia assaltam-se mutuamente,
À meia-noite derrubam os muros:
A raiz de tudo isso foi plantada
Nos tempos de Yao e de Shun.
Os galhos crescerão durante mil anos,
E daqui a mil anos
Os homens se entredevorarão vivos!"

(xxiii, 2)

O discípulo de Keng

Um discípulo queixava-se a Keng:
"Os olhos dos homens parecem todos iguais,
Não consigo ver neles qualquer diferença;
Ainda assim alguns homens são cegos;
Seus olhos não distinguem.
Os ouvidos dos homens parecem todos iguais,
Não percebo neles qualquer diferença;
Ainda assim alguns homens são surdos,
Seus ouvidos não ouvem.
As mentes de todos os homens têm a mesma natureza,
Não percebo nelas qualquer diferença;
Mas o louco não pode fazer
Da mente de outro a sua própria.
Aqui estou, aparentemente como os demais discípulos,
Mas com uma diferença:
Eles percebem o que vós dizeis e o põem em prática;
Eu não posso.
Vós me dizeis: 'Mantenha o ser calmo e seguro,
Mantenha sua vida concentrada em seu próprio centro.
Não permita que seus pensamentos
Sejam perturbados'.
Mas, embora tente o mais possível,
O Tao é apenas uma palavra em meus ouvidos.
Ela não tange os sinos lá dentro".

Replicou Keng Sang: "Nada mais tenho a dizer.
As garnizés não chocam ovos de gansos,
Embora a ave de Lu possa chocar.
Não é tanta a diferença de natureza

Como a diferença de capacidade.
Minha capacidade é muito fraca
Para que possa transformá-la.
Por que não ir ao sul
E ver Lao Tzu?"
O discípulo apanhou alguns mantimentos,
Viajou sete dias e sete noites,
Só,
E aproximou-se de Lao Tzu.
Lao perguntou-lhe: "Você vem de Keng?"
"Sim", respondeu o estudante.
"Quem são todos aqueles que trouxe consigo?"
O discípulo virou-se para olhar.
Ninguém. Pânico!
Lao disse-lhe: "Você não compreende?"
O discípulo curvou a cabeça. Confusão!
Depois houve um suspiro. "Infelizmente,
Esqueci a resposta".
(Mais confusão). "Esqueci também minha pergunta".
Lao disse-lhe: "O que está tentando dizer?"
O discípulo: "Quando não sei o que dizer, as pessoas
Tratam-me como um tolo.
Quando sei, o saber causa-me atrapalhações.
Quando não consigo fazer o bem, firo outras pessoas.
Quando faço o bem, firo-me a mim mesmo.
Se evito cumprir com a minha obrigação,
Fico negligente,
Mas, se a cumpro, fico arruinado.
Como fugir dessas contradições?

Este é o motivo por que vim até o senhor".

Lao Tzu respondeu-lhe:

"Um instante atrás

Olhei no fundo de seus olhos.

Vi que estava cercado

De contradições. As suas palavras

O confirmam.

Você está muito aterrorizado,

Como um filho que perdesse

O pai e a mãe.

Está tentando medir

O meio do oceano

Com uma vara de seis pés.

Perdeu-se e está tentando

Reencontrar seu caminho de volta

Ao seu verdadeiro eu.

Nada encontra a não ser

Sinais ilegíveis

Apontando em todas as direções.

Tenha pena de você".

O discípulo pediu para ser admitido,

Mudou-se para uma cela e lá

Meditou,

Tentando cultivar qualidades

Que achava desejáveis

E livrar-se de outras

Que não apreciava.

Dez dias assim procedeu!

Desespero!

"Miserável", disse-lhe Lao.
"Tudo bloqueado!
Agrilhoado em nós! Tente
Livrar-se!
Se suas obstruções
Estão do lado de fora,
Não se esforce
Por agarrá-las uma a uma
E lançá-las fora.
Impossível! Aprenda
A ignorá-las.
Se estão dentro de si,
Não conseguirá destruí-las uma a uma,
Mas poderá evitar
Que surtam efeito.
Se estão tanto externa como internamente,
Não se esforce
Por apegar-se ao Tao –
Espere apenas que o Tao
Se apegue a você!"

O discípulo resmungou:
"Quando um fazendeiro fica doente
E outros fazendeiros vêm visitá-lo,
Se, ao menos, ele puder contar-lhes
O que está acontecendo
A sua doença não se torna tão ruim.
Mas, quanto a mim, na minha procura do Tao,
Sou como um doente que toma o remédio
Que o põe dez vezes pior.

Apenas diga-me
Os primeiros elementos.
Ficarei satisfeito!"

Respondeu-lhe Lao Tzu:
"Pode você abraçar o Uno
E não perdê-lo?
Pode prever as coisas boas e más
Sem a concha da tartaruga
Nem as palhas?
Pode repousar onde há repouso?
Sabe quando parar?
Pode cuidar de sua vida
Sem preocupações, sem desejar relatórios
De como outros estão progredindo?
Pode ficar firme sobre seus pés?
Pode fazer reverências?
Pode ser como um garoto
Que chora todo o dia
E não fica com dor de garganta?
Ou bate constantemente com a mão
Sem que fique machucada?
Ou que permanece sempre de olhos fitos
Sem ficar com dor nos olhos?
Você deseja os primeiros elementos?
A criança os tem.
Livre de preocupações, desinteressada de si,
Age irrefletidamente,
Fica onde a colocam, não sabe o porquê,
Não tenta buscar a solução das coisas,

Mas apenas as segue,
É parte da corrente.
São esses os primeiros elementos!"

Perguntou-lhe o discípulo:
"É isto a perfeição?"

Lao respondeu-lhe:
"Não.
É apenas o início.
Isto é o que derrete o gelo.

Isto o capacita
A desaprender,
De modo que possa ser conduzido pelo Tao,
Ser um filho do Tao.

Se persistir em tentar
Atingir o que nunca se atinge
(Esta é a dádiva do Tao!)
Se persistir em se esforçar
Para obter o que o esforço não consegue;
Se persistir em raciocinar
O que não pode ser compreendido,
Você se destruirá
Pelo próprio objeto que procura.

Saber quando parar
Saber quando não poder ir mais adiante
Por suas próprias ações,
Este é o ponto de partida como deve ser!"

(xxiii, 3-7)

A torre do espírito

O espírito possui uma torre inexpugnável
Que nenhum perigo ameaça
Desde que a torre seja guardada
Pelo Protetor invisível
Que age sem saber e cujas ações
Perdem-se quando são deliberadas,
Reflexivas e intencionais.

O inconsciente
E toda a sinceridade do Tao
São perturbados por qualquer esforço
De demonstração autoconsciente.
Todas essas demonstrações
São mentirosas.

Quando nos exibimos
Dessa maneira ambígua
O mundo exterior explode
E nos aprisiona.
Não somos mais protegidos
Pela sinceridade do Tao.

Cada novo ato
É um novo erro.
Se os atos são públicos,
Feitos à luz do dia,
Seremos punidos pela humanidade.
Se são privados
E secretos,

Seremos punidos
Pelos espíritos.

Deixe cada um compreender
O sentido da sinceridade
E proteger-se contra o exibicionismo!

Ficará em paz
Com a humanidade e os espíritos
E agirá corretamente, despercebido,
Em sua própria solidão,
Na torre de seu espírito.

(xxiii, 8)

A lei interior

Aquele cuja lei reside dentro de si
Caminha na obscuridade.
Seus atos não se influenciam
Pela aprovação nem pela condenação.
Aquele cuja lei reside fora de si
Dirige sua vontade ao que
Reside além de seu controle
E procura
Estender suas forças
Acima das coisas.

Aquele que caminha na obscuridade
Tem a luz para guiá-lo
Em todos os atos.
Aquele que procura estender seu controle
Nada mais é do que um operador.
Enquanto pensa que está sobressaindo
Aos outros,
Os outros veem-no apenas
Lutando, esticando-se,
Para ficar na ponta dos pés.

Quando se esforça para entender seu domínio
Sobre os objetos,
Estes tomam conta dele.
Aquele que é controlado pelos objetos
Perde o domínio de seu próprio interior:
Se não dá maior valor a si mesmo,
Como pode dar valor aos outros?

Se não mais consegue dar valor aos outros,
Abandona-se.
Nada mais possui!

Não existe arma mais fatal que a vontade!
A arma mais pontiaguda
Não lhe é comparável!
Não há assaltante mais perigoso.
Que a Natureza (Yang e Yin).
Apesar de que não se identifica à natureza
Que causa a desgraça:
É a própria vontade humana!

(xxiii, 8)

As desculpas

Quando um homem pisa no pé de um estranho
No mercado,
Desculpa-se amavelmente
E dá uma explicação
("Esta praça está
Tão apinhada de gente!").

Se um irmão mais velho
Pisa no pé do irmão mais moço,
Diz: "Desculpe!"
E fica por isso mesmo.
Quando um pai
Pisa no pé do filho,
Não lhe diz nada.

A perfeita sabedoria
Não é premeditada.
A maior delicadeza
É livre de qualquer formalidade.
A conduta perfeita
É livre de preocupação.
O amor perfeito
Dispensa as demonstrações.
A perfeita sinceridade não oferece
Qualquer garantia.

(xxiii, 11)

Aconselhando o príncipe

O recluso Hsu Su Kwei aproximou-se do Príncipe Wu.
O Príncipe ficou satisfeito. "Desejava vê-lo",
Disse-lhe, "há muito tempo. Diga-me
Se estou agindo corretamente.
Quero amar meu povo e, pelo exercício da justiça,
Pôr fim à guerra.
Será isso o suficiente?"

"Absolutamente", disse-lhe o recluso.
"Seu 'amor' por seu povo
Coloca-o num perigo fatal.
Seu dom da justiça é a raiz
De guerra sobre guerra!
Suas intenções magnânimas
Terminarão em desastre!

Se você sai a 'realizar algo superior'
Está apenas se ludibriando.
Seu amor e sua justiça
São fraudulentos.
São meros pretextos
Para autoafirmação, para agressão.
Uma ação proporcionará outra
E no fluxo dos acontecimentos
Suas intenções obscuras
Tornar-se-ão evidentes.

Você julga praticar a justiça.
Se tem êxito
O próprio sucesso causará mais conflitos.

Por que toda essa guarda
Em posição de sentido
No portão do palácio, à volta do altar do templo,
Por toda parte?

Você está em guerra consigo mesmo!
Não acredita na justiça,
Somente no poder e no sucesso.
Se vencer
Um inimigo e anexar seu país,
Estará com muito menos paz
Consigo do que está agora.
Nem as suas paixões o deixarão
Sentar-se calmamente. Você lutará uma vez,
E mais outra, com o objetivo
De uma 'justiça' mais perfeita!

Abandone seu plano
De ser um 'monarca querido e justo'.
Tente ouvir
As exigências da verdade interior.
Pare de escandalizar a si mesmo e a seu povo
Com essas obsessões!
Seu povo respirará aliviado, afinal.
Viverá,
E a guerra terminará por si mesma!"

(xxiv, 2)

Vida ativa

Se um perito não tem qualquer
Problema a incomodá-lo, torna-se infeliz!
Se o que ensina o filósofo não é combatido,
Ele definha!
Se os críticos não têm contra quem investir
Suas críticas, sentem-se infelizes.
Tais pessoas são prisioneiras do mundo dos objetos.

O que deseja sucessores procura o poder político.
O que deseja reputação mantém um cargo.
O homem forte procura pesos para levantar.
O corajoso procura um motivo para poder
Demonstrar bravura.
O que empunha a espada deseja uma batalha,
Para poder manejar sua espada.
Os homens que ultrapassaram certa idade
Preferem uma aposentadoria digna,
Para que pareçam pessoas profundas.
Homens com experiência da lei procuram causas
Difíceis para estender a aplicação das leis.
Liturgistas e músicos gostam
Dos festivais em que exibem seus talentos para
    cerimônias.
O benevolente e o consciencioso estão sempre
Procurando oportunidades para demonstrar a virtude.

Onde estaria o jardineiro se não houvesse mais
    erva daninha?
O que seria dos negócios se não existisse o mercado
    dos tolos?

Onde estariam as massas se não houvesse pretexto
para aglomeração e barulho?
O que seria do trabalho se não houvesse objetos
supérfluos a fabricar?
Produza!
Obtenha resultados! Faça fortuna!
Faça amigos! Faça inovações!
Ou morrerá de desespero!

Os que se aprisionam na maquinaria do poder não se alegram, a não ser na atividade e na modificação – o estridar das máquinas! Quando uma ocasião para agir se apresenta, são impelidos à ação; não se podem ajudar mutuamente. São movidos inexoravelmente, como a máquina de que constituem uma peça. Prisioneiros no mundo dos objetos, não têm escolha, a não ser se submeterem às exigências da matéria! São pressionados e esmagados por forças externas, pela moda, pelo mercado, pelos acontecimentos, pela opinião pública. Nunca, em toda a sua vida, recuperam o bom-senso! A vida ativa! Que lástima!

(xxiv, 4)

A montanha dos macacos

O Príncipe de Wu foi de barco à Montanha dos Macacos. Logo que os macacos o viram, fugiram em pânico, e esconderam-se nos topos das árvores.

Um macaco, porém, estava ligeiramente despreocupado, pulando de galho em galho – uma extraordinária demonstração!

O Príncipe atirou uma flecha no macaco, mas este, como um malabarista, pegou a flecha no ar.

Com isto, o Príncipe ordenou a seus companheiros que atacassem em conjunto.

Num instante o macaco foi atingido por várias flechadas e caiu morto.

Em seguida, voltou-se o Rei para o seu companheiro Yen Pu'i: "Viu o que aconteceu?", disse-lhe. "Este animal exibiu a sua esperteza. Confiou em sua própria habilidade. Pensava que ninguém fosse pegá-lo. Lembre-se disto! Não confie no valor nem no talento quando lidar com os homens!"

Quando retornaram a casa, Yen Pu'i tornou-se discípulo de um sábio para libertar-se de tudo que o fizesse se destacar. Renunciou a todos os prazeres. Aprendeu a esconder toda a "diferença".

Em breve ninguém no Reino sabia o que pensar dele.

E assim, passaram a reverenciá-lo com temor[8].

(xxiv, 8)

---

8. Esta fábula serve para ilustrar a "via intermediária" de Chuang Tzu, entre não ser dotado de qualidades evidentes e, ainda assim, não ser isento de qualidades. O objetivo desejado é possuí-las, mas como se não as possuíssemos, é excedê-las com uma perfeição que não é própria de nós, porém do Tao. Desta maneira, não se é admirado, nem mesmo indiretamente "reconhecido", mas, apesar disso, tornar-se-á uma força oculta na sociedade.

A boa sorte

Mestre Ki teve oito filhos.

Um dia, chamou um fisiognomonista,

Enfileirou os garotos, e disse:

"Estude seus rostos. Diga-me qual deles é o afortunado".

Depois do exame, o especialista disse-lhe:

"Kwan é o afortunado".

Ki ficou contente e surpreso.

"De que modo?", perguntou.

O fisiognomonista respondeu-lhe:

"Kwan comerá carne e beberá vinho

Até o fim dos seus dias,

Às expensas do governo";

Ki interrompeu-o em prantos:

"Meu pobre filho! Meu pobre filho!

O que fez para merecer esta infelicidade?"

"Como?", exclamou o fisiognomonista,

"Quando alguém compartilha

As refeições de um príncipe

As bênçãos caem

Sobre toda a sua família,

Principalmente o pai e a mãe!

Você irá recusar

A boa sorte?"

Ki respondeu: "O que torna

A sorte 'boa'?"

A carne e o vinho são para a boca e o ventre.

A boa sorte está só na boca.
E no ventre?
Estas "refeições do príncipe" – Como as
 compartilharemos?

Não sou pastor
E, de repente, um cordeiro nasce em minha casa.
Não sou nenhum guarda-florestal
E as codornas nascem em meu quintal.
Estes são terríveis presságios!

Não tenho tido nenhum desejo
Nem para mim, nem para meus filhos,
A não ser vaguear livremente
Através da terra e do céu.

Não procuro qualquer alegria
Nem para eles, nem para mim,
Apenas a alegria dos céus,
Os simples frutos da terra.

Não busco vantagens para mim, não faço planos,
Não empreendo nenhum negócio.
Apenas busco o Tao, com os meus filhos.

Não briguei com a vida!
Agora surgiu esta promessa melindrosa
De que jamais busquei:
'A boa sorte!'

Todo efeito estranho provém de uma causa estranha.

Meus filhos e eu nada fizemos para merecer isto.

É um castigo imperscrutável.

Portanto tenho de chorar!"

E então aconteceu que, algum tempo depois, Ki enviou seu filho em viagem. O jovem foi assaltado por bandidos que resolveram vendê-lo como escravo. Achando que não podiam vendê-lo como estava, amputaram seus pés. Assim, incapaz de fugir, tornou-se um bom negócio. Venderam-no ao governo de Chi, e ele foi empregado como cobrador de pedágio, na estrada. Tinha carne e vinho, durante o resto de sua vida, à custa do governo.

Desta maneira aconteceu que Kwan se tornasse afortunado!

(xxiv, 11)

A fuga da benevolência

Hsu Yu encontrou-se com um amigo, quando deixava a capital, na estrada principal que conduzia à fronteira mais próxima.

"Aonde vai?", perguntou o amigo.

"Estou me afastando de King Yao. Ele está tão obcecado com ideias sobre a benevolência que tenho medo de que algo de ridículo resulte de tudo isso. De qualquer maneira, seja isto engraçado ou não, esse tipo de coisa terminará com cada qual se entredevorando.

No momento presente, existe uma grande onda de solidariedade. As pessoas acham que são amadas e reagem com entusiasmo. Estão todas atrás do soberano, porque acham que ele está fazendo com que fiquem ricas. O elogio é barato e todos competem para obter favores. Mas, dentro em pouco, terão de aceitar algo que não é de seu agrado e tudo isso irá pelos ares.

Quando a justiça e a benevolência estão em jogo, pouca gente se preocupa realmente com o bem alheio, mas a maioria sabe que isto é bom, pronto a ser explorado. Aproveitam-se da situação. Para eles, a benevolência e a justiça são arapucas para pegar passarinhos. Assim, a benevolência e a justiça rapidamente se confundem com a fraude e a hipocrisia. Depois, todos começam a duvidar. E aí, então, começa realmente o problema.

O Rei Yao sabe como os assessores corretos e cumpridores dos deveres proporcionam o bem à nação, mas não sabe o mal que surge desta correção: é a fronteira atrás da qual os larápios agem mais facilmente. Mas só vendo a situação objetivamente é que poderá verificar o que lhe estou dizendo.

Existem três classes de pessoas que devem ser consideradas: os joguetes, os sanguessugas e os manipuladores.

Os primeiros adotam a linha de algum líder político e repetem seus pronunciamentos de cor, acreditando que sabem alguma coisa, confiantes que estão progredindo bastante e muito satisfeitos com o som de suas próprias vozes. São uns tolos completos. E, sendo tolos, submetem-se, assim, à linha de conduta do próximo.

Os sanguessugas são como piolhos no corpo de uma porca. Correm rapidamente aonde as cerdas são finas, e isto se converte no seu palácio e no seu parque. Deliciam-se nas juntas, entre os dedos dos pés da porca, à volta das articulações e das tetas, ou debaixo da cauda. Aqui, nesse lugar, entrincheiram-se, e imaginam que dali não vão sair, haja o que houver. Mas nunca podem imaginar que, um dia, o açougueiro virá com um facão e a machadinha no ar. Reunirá a palha seca e acenderá, a fim de chamuscar as cerdas e queimar os piolhos. Esses parasitas aparecem quando a porca aparece e desaparecem quando a porca morre.

Enfim, os manipuladores são homens como Shun.

O carneiro não é atraído pelas formigas, mas estas são atraídas ao carneiro, porque ele é alto e cheira mal. Dessa maneira, Shun era um manipulador vigoroso e afortunado e as pessoas, por isso, gostavam dele. Três vezes se locomoveu de uma cidade para outra, e cada vez que assim o fazia a sua residência se transformava em capital. Por fim, ele se mudava para a selva e cem mil famílias iam com ele a fim de colonizar o local.

Finalmente, Yao levantou a ideia de que Shun deveria ir para o deserto, para ver se poderia fazer lá alguma coisa. Embora Shun, nessa época, estivesse mais velho e a sua cabeça estivesse ficando fraca, não podia recusar-se a fazer isso. Não podia pensar em se aposentar. Esquecera-se de como parar a sua carroça. Era um manipulador, e nada mais!

O homem de espírito, por outro lado, odeia ver as pessoas reunidas a seu redor. Evita a multidão. Pois, onde existem muitos homens, há também muitas opiniões e pouca concórdia. Nada há a ganhar quando apoiamos esses cabeças-ocas, que se destinam a acabar brigando uns contra os outros.

O homem de espírito não é nem muito íntimo de ninguém, nem muito distante. Interiormente, permanece atento e mantém o equilíbrio para não entrar em conflito com ninguém. Este é o homem verdadeiro. Ele deixa as formigas serem inteligentes. Deixa o carneiro agitar-se até ficar cheirando mal. Por sua própria vontade, ele imita os peixes que nadam despreocupados, ladeados por um elemento amigo e preocupando-se apenas com o que é seu.

O homem verdadeiro vê o que o seu olho vê e nada acrescenta do que ali não se encontra. Ouve o que o ouvido escuta e não percebe coisas imaginárias, exagerando ou subtraindo a realidade. Compreende as coisas como devem ser entendidas e não se preocupa, nem com os significados obscuros, nem com os mistérios. O seu curso, portanto, é uma linha reta. Ainda assim, pode modificar a sua direção toda vez que as circunstâncias assim o exigirem".

(xxiv, 12)

O Tao

Galos cantam,
Cachorros latem,
Isso todos sabem.
Mesmo os mais sábios
Não distinguem
De onde vêm essas vozes
Nem explicam
Por que os cachorros latem e os galos cantam,
Quando o fazem.
Além do menor dos menores
Não há medida.
Além do maior dos maiores,
Também não.

Onde não há medida
Não há a "coisa".
Neste vazio
Você fala de "causa"
Ou de "chance"?
Você fala de "coisas"
Onde há "não coisas".
Dar nome a um nome
É delimitar uma "coisa".

Quando olho além do princípio
Não encontro medida.
Quando olho além do fim,
Também não.
Onde não existe a medida

Não há nenhum princípio de nenhuma coisa.
Você fala de "causa" ou de "chance"?
Você fala de princípio de alguma "coisa".

O Tao existe?
Então é uma "coisa que existe".
Poderá ele "não existir"?
Há então "a coisa que existe"
Que "não pode não existir"?

Nomear o Tao
É nomear a não coisa.
O Tao não é o nome
De "um existente".
"Causa" e "chance"
Nada significam para o Tao.
O Tao é um nome
Que indica
Sem definir.

O Tao está além das palavras
E além das coisas.
Não se exprime
Nem por palavras,
Nem pelo silêncio.
Onde não existe
Nem mais as palavras,
Nem o silêncio,
O Tao é apreendido.

(xxv, 11)

O inútil

Disse Hui Tzu a Chuang Tzu:

"Todo o seu ensinamento está baseado no que não tem utilidade".

Replicou-lhe Chuang:

"Se você não aprecia o que não tem utilidade,

Não pode começar a falar sobre o que é útil.

Por exemplo, a terra é larga e vasta,

Mas de toda a sua extensão, o homem utiliza

Apenas poucas polegadas,

Sobre as quais se mantém de pé.

Suponhamos, agora, que você tire

Tudo o que ele realmente não usa

De modo que, ao redor de seus pés,

Um golfo se abra

E ele fica de pé no vazio,

Sem nada de sólido,

Com exceção do que se encontra bem debaixo de
cada pé.

Por quanto tempo poderá utilizar o que está usando?"

Disse Hui Tzu: "Cessaria de servir a qualquer finalidade".

Concluiu Chuang Tzu:

"Isto prova

A absoluta necessidade

De que "não tem utilidade".

(xxvi, 7)

Meios e fins

O guarda da capital de Sung tornou-se um carpideiro tão perito, após a morte do pai, e emagreceu tanto, pelos jejuns e austeridades, que foi promovido a um alto cargo, para que servisse de modelo de observância ritualística.

Disso resultou que os seus imitadores levaram esse despojamento a tal ponto que metade deles veio a falecer. Os outros não foram promovidos.

O objetivo de uma armadilha de peixes é pegar peixes e, quando estes caem na armadilha, ela é esquecida.

O objetivo de uma armadilha para coelhos é pegar coelhos. Quando estes são agarrados, esquece-se a armadilha.

O objetivo das palavras é transmitir as ideias. Quando estas são apreendidas, as palavras são esquecidas.

Onde poderei encontrar um homem que se esqueceu das palavras? Com ele é que gostaria de conversar.

(xxvi, 11)

A fuga da sombra

Havia um homem que ficava tão perturbado ao contemplar sua sombra e tão mal-humorado com as suas próprias pegadas que achou melhor livrar-se de ambas. O método encontrado por ele foi o da fuga, tanto de uma, como de outra.

Levantou-se e pôs-se a correr. Mas, sempre que colocava o pé no chão, aparecia outro pé, enquanto a sua sombra o acompanhava, sem a menor dificuldade.

Atribuiu o seu erro ao fato de que não estava correndo como devia. Então, pôs-se a correr, cada vez mais, sem parar, até que caiu morto por terra.

O erro dele foi o de não ter percebido que, se apenas pisasse num lugar sombrio, a sua sombra desapareceria e, se se sentasse ficando imóvel, não apareceriam mais as suas pegadas.

(xxxi)

Funerais de Chuang Tzu

Quando Chuang Tzu estava morrendo, seus discípulos começaram a combinar um monumental enterro para ele:

Mas dizia Chuang: "Como caixão terei o céu e a terra; o sol e a lua serão os símbolos do jade, dependurados a meu lado; os planetas e as constelações brilharão como joias à minha volta e todos os seres se apresentarão como carpideiros ao meu despertar. De que mais preciso? Tudo já foi devidamente providenciado!"

Mas diziam os outros: "Tememos que os corvos e as gralhas devorem o nosso Mestre".

"Bem", respondeu-lhes Chuang Tzu, "acima da terra serei devorado pelos corvos e pelas gralhas; abaixo, pelas formigas e vermes. De qualquer maneira me devorarão. Por que sois tão parciais para com os pássaros?"

(xxxii, 14)

Glossário

Chih: Uma das quatro virtudes básicas de Ju. Identifica-se com a sabedoria.

Ju: A filosofia ética e escolástica dos confucianos.

Jen: Uma das quatro virtudes básicas da ética confuciana se identifica com a compaixão, que faz com que cada um se identifique com as alegrias e as dificuldades dos outros.

Li: Outra das quatro virtudes básicas de Ju. Identifica-se com a compreensão e com a prática correta dos ritos de cerimônias.

Tao: A Via, o Absoluto, o Princípio Último.

Tien: O Céu.

Wu Wei: A não ação, a vida não volitiva, que obedece ao Tao.

Yi: Uma das quatro virtudes básicas de Ju. Identifica-se com o senso de justiça, de responsabilidade, de dever e de obrigação para o próximo.

Ying Ning: A Tranquilidade na ação da não ação: um conceito idealizado por Chuang Tzu.

Zen ou Ch'an: Escola do Budismo Mahayana que pratica a intuição direta na escala do ser.

Referências

As traduções e os ensaios mencionados abaixo foram por nós utilizados a fim de podermos atingir os "textos" apresentados neste volume, bem como ao escrevermos o estudo sobre Chuang Tzu.

GILES, Herbert A. *Chuang Tzu, mystic, moralist and social reformer*. Xangai: [s.e.], 1926 [traduzido do chinês].

GILES, Herbert A. *Confucianism and its rivals*. Londres: [s.e.], 1915.

HUGHES, Ernest R. *Chinese philosophy in classical times*. Londres: [s.e.], 1954.

LEGGE, James. *The texts of taoism*. Nova York: [s.e.], 1959 [traduzidos, com uma introdução de D.T. Suzuki].

SZE, Mai Mai. *The Tao of painting*. Nova York: [s.e.], 1956 [2 vols.].

WIEGER, Leon, S.J. *Les peres du Systeme taoiste*. Paris: [s.e.], 1950.

WILHELM, Richard. *Dschuang Tsi* – Das Wahre Buch vom Südlichen Blütenland. Düsseldorf/Kohler: [s.e.], 1951.

WU, John C.H. "The wisdom of Chuang Tzu: A new-appraisal". *International Philosophical Quarterly*, vol. III, n. 1, fev.,1963.

YU LAN, Fung. *The spirit of Chinese philosophy*. Boston: [s.e.], 1962.

YUTANG, Lin. *The wisdom of India and China*. Nova York: [s.e.], 1942.

Conecte-se conosco:

f facebook.com/editoravozes

◉ @editoravozes

𝕐 @editora_vozes

▶ youtube.com/editoravozes

✆ +55 24 2233-9033

www.vozes.com.br

Conheça nossas lojas:

www.livrariavozes.com.br

Belo Horizonte – Brasília – Campinas – Cuiabá – Curitiba
Fortaleza – Juiz de Fora – Petrópolis – Recife – São Paulo

EDITORA VOZES LTDA.
Rua Frei Luís, 100 – Centro – Cep 25689-900 – Petrópolis, RJ
Tel.: (24) 2233-9000 – E-mail: vendas@vozes.com.br